全国高校就业创业特色教材课题研究成果
教育部学生服务与素质发展中心组织编写

新建地方本科高校大学生就业指导特色教材

XINJIAN DIFANG BENKE GAOXIAO DAXUESHENG
JIUYE ZHIDAO TESE JIAOCAI

主　编　谢安国　杨　曼
副主编　郑武斌　陈绪敖

西安交通大学出版社
XI'AN JIAOTONG UNIVERSITY PRESS

图书在版编目(CIP)数据

新建地方本科高校大学生就业指导特色教材 / 谢安
国，杨曼主编. — 西安：西安交通大学出版社，2023.8
　ISBN 978 - 7 - 5693 - 3305 - 3

　Ⅰ．①新… 　Ⅱ．①谢… ②杨… 　Ⅲ．①大学生-就业-
高等学校-教材　Ⅳ．①G647.38

中国国家版本馆 CIP 数据核字(2023)第 119782 号

XINJIAN DIFANG BENKE GAOXIAO DAXUESHENG JIUYE ZHIDAO TESE JIAOCAI

书　名	**新建地方本科高校大学生就业指导特色教材**
主　编	谢安国　杨　曼
策划编辑	王斌会
责任编辑	张静静
责任校对	魏　萍
封面设计	任加盟

出版发行	西安交通大学出版社
	（西安市兴庆南路 1 号　邮政编码 710048）
网　址	http://www.xjtupress.com
电　话	(029)82668357　82667874(市场营销中心)
	(029)82668315(总编办)
传　真	(029)82668280
印　刷	西安明瑞印务有限公司

开　本	787 mm×1092 mm　1/16　**印张**　13.25　**字数**　218 千字
版次印次	2023 年 8 月第 1 版　　2023 年 8 月第 1 次印刷
书　号	ISBN 978 - 7 - 5693 - 3305 - 3
定　价	45.00 元

如发现印装质量问题，请与本社市场营销中心联系。
订购热线：(029)82665248　(029)82667874
投稿热线：(029)82668525

版权所有　侵权必究

前　言

就业是最大的民生工程、民心工程、根基工程。大学生作为国家宝贵的人力资源，其顺利就业不仅承载着家庭的未来，聚集着全社会关注的焦点，更是蕴含着国家民族兴旺发展的希望。党的十八大以来，以习近平同志为核心的党中央始终坚持把高校毕业生列为重点就业群体摆在突出位置。2023年的政府工作报告再次明确："落实落细就业优先政策，把促进青年特别是高校毕业生就业工作摆在更加突出的位置，切实保障好基本民生。"

然而，当前高校毕业生所面临就业形势空前严峻。自1999年高校扩招计划实施以来，我国高等教育规模不断扩大，高校毕业生人数持续攀升。2023年，我国高校毕业生规模将达1158万人，同比增加82万人。此外，海外留学归国就业学生将超过100万人，往届未就业毕业生达200万人，待就业高校毕业生数量庞大。同时，世界进入新的动荡变革期，逆全球化思潮抬头，单边主义、保护主义明显上升，世界经济复苏乏力，在当前的国内外环境下我国经济发展面临诸多挑战。

其中，新建地方本科高校毕业生或将面临更严重的就业难问题。地方本科高校是指学校隶属于省市管辖，办学经费主要来自地方，为地方和行业培养应用型人才的普通本科院校。截至2019年，我国新建普通本科高校（1999年以后新建、合并、升格的本科院校）共693所，占本科高校的半壁江山。地方本科高校对高等教育规模扩张的贡献最大，为我国高等教育进入大众化、高等教育规模跃居世界第一作出了重要贡献。但岗位供给失衡、结构性矛盾突出等客观事实，使得新建地方本科高校大学生面临的就业形势更加严峻。

挑战与机遇同在，风险与希望并存。党的二十大报告描绘了全面建成社会主义现代化强国的战略蓝图。在加快构建新发展格局、着力推动高质量发展的目标引领下，新建地方本科高校毕业生顺利就业、实现个人价值面临难得机遇。一是高质量发展将带来更多就业机会；二是积极就业创业政策将促进大学生就业创业；三是区域协调发展将极大拓展新建地方本科高校毕业生今后的就业空间。

作为安康学院承担全国高校就业创业特色教材立项课题"新建地方本科高

校大学生就业指导特色教材建设研究"的成果，本教材为新建地方本科高校大学生就业提供一般性的知识框架，力从理论与实践结合上回答新时代地方本科高校大学生就业所面临的问题，助推学生在求职技能提升中实现顺利就业，为有效缓解地方本科高校大学生就业难问题，提升地方本科高校就业指导工作水平作出积极尝试。

本教材作者在长期的大学生就业指导工作中积累了丰富的实践经验，同时在就有关理论问题的实践探索中开展了一系列课题研究。本教材由谢安国、杨曼规划统稿，编写方案由郑武斌、陈绪敖等研讨后确定；教材公共部分参考了教育部学生服务与素质发展中心（原全国高等学校学生信息与咨询中心）提供的前期成果。教材编写情况如下：第一章和第八章，杨曼；第二章和第五章，李章雨；第三章和第七章，王立；第四章，柯小敏；第六章，唐秋明；第九章和第十章，王茁。

在本教材编写过程中，参考了许多同行专家、学者的有关著作，并吸取借鉴了他们许多成果，在此谨致诚挚谢意。限于编者水平有限，难免有不妥之处，恳请同行专家、学者和广大读者予以批评指正。

编　者

2023 年 3 月

目　录

认识就业

▶ 第一节　就业的逻辑起点
　　　　　——什么是就业?

一、就业的概念

就业是指就业者利用自己的劳动技能、知识和能力，在合法的企业、机关、团体的劳动中获得报酬的过程。就业不仅仅是一个经济概念，更是一个与社会关系紧密联系的社会概念。从微观层面上讲，它关乎人们的自我生活，即实现自我价值和实现社会价值的过程；从宏观层面上讲，它能促进行业发展，改善经济社会结构并造福社会，反过来促进个人收入水平提高。

在生活中，我们常常会听到就业、职业、事业这三个描述工作的词汇。虽然词义很接近，但这三个词分别表达了工作的不同内涵和不同阶段。

就业指赖以谋生的工作，是工作的最初始的状态。用人单位一般比较看重劳动者的专业能力和学习能力，并提供相应的劳动报酬或者晋升机会。

职业指从事某一领域内特定的工作，是工作的中间状态。这个阶段更强调一贯性的工作活动，具有一定的稳定性和可靠性，这种工作活动往往会演变成一种职业习惯。在这个阶段的工作活动中，通常要求劳动者要具备相应的专业知识技能和工作经验，劳动者也会获得更高的劳动报酬和相应的社会地位。

事业指时间跨度更长的连续性的工作(通常是几十年)，是工作的最高阶段。这个阶段更强调人们在工作中实现自身价值以及为社会作出贡献。

教书、教师、教育则分别对应上述三个阶段。当教师刚进入工作岗位时，主要通过所学习的相关知识和技能来获得稳定的劳动报酬；工作一定时间后，更关注在提升自我教学技能的过程中，不断强化他人对自己教师身份的认同，工作报酬也会有相应提高；在工作二十年甚至更长时间以后，育人就成为了使命担当，更加看重对社会的贡献而不在乎个人得失。"七一勋章"获得者、丽江华坪女子高级中学书记、校长张桂梅就是以教育为终身事业的典范。她胸怀梦想、矢志不渝，扎根山区教育一线 40 年，创建了中国第一所公办免费女子高中。她拖着病体坚守三尺讲台，建校 12 年来帮助 1800 多名女孩走出大山、走进大学。她以教育为终身使命帮助大山里的女孩们筑梦、圆梦。

二、就业的要素

就业过程包括主体、客体、环体三方面要素，即劳动者、用人单位和就业市场。它们之间相互影响、相互作用，共同形成就业过程的闭环。

(一)劳动者

劳动者是就业过程的主体，也是发展社会经济的中坚力量。马克思主义认为，劳动者是生产力三要素中最为活跃和最富有创造性的要素，是人民群众的主体部分，推动着历史的前进，创造了人类世界的物质财富，并为精神财富的创造提供了条件。可以说，劳动者是就业市场的主要参与者，是整个社会经济体系的基石。在大学生就业活动中，大学生是求职者，用人单位是招聘者，二者之间是"双向选择"的平等关系，地位不分主次。为了保护二者的权益在就业活动中不受到侵犯，国家通过《中华人民共和国劳动法》《中华人民共和国合同法》和《中华人民共和国反就业歧视法》等法律法规对劳动者和用人单位的权利予以保护。一旦大学生求职成功进入用人单位，二者的角色将发生转变。大学生由学生、求职者转变成员工或受雇者，而用人单位从招聘者转换为雇佣者。就业对于大学生而言是获得经济报酬和实现自立的重要途径，同时也是实现自我价值以及融入社会的必要途径。

(二)用人单位

用人单位是指招聘雇员并支付工资的企事业单位或个人。可以理解为，用人单位提供了就业活动中的必备要素——就业机会。没有就业机会，就业活动就难以开展。大学生在求职过程中，首先会通过校园招聘会、求职网站等多种渠道了解哪家用人单位的哪些岗位在招人，然后通过投递简历、笔试、面试等求职环节，最终被雇佣。用人单位在招聘过程中会提供工作岗位，将岗位信息通过相应渠道散播出去，等待求职者来应聘，最后雇佣自己满意的求职者。实际上工作岗位就等同于就业机会，作为提供就业机会的用人单位在就业活动中占据客体地位。

(三)就业市场

就业市场是就业过程的环体要素。就业中劳动者与用人单位之间的关系是互利关系，劳动者付出劳动以换取报酬，而用人单位通过劳动者的劳动来实现目标产生收益。就业市场搭建起劳动者与用人单位间沟通的桥梁。根据双方需求，分类筛选出符合各自要求的劳动者与用人单位，使双方都能满足其需求，达到共赢的效果。此外，就业市场在运行过程中，会聚集岗位供需的有效信息，形成有利于劳动者改善自身人力资本的各种市场信号，并通过这些信号引导市场劳动力供需双方进行相应的调整。一方面促进求职者(即劳动者)根据市场需求情况，提高自身专业技能以顺利就业；另一方面也使相关部门和高等院校根据社会需求情况不断改进专业设置和课程安排，积极为社会培养所需人才。地方本科高校坚持服务地方，与区域经济、社会发展相适应，积极探索适应地方经济社会发展需要的应用型本科人才培养模式。

三、就业的形态

就业形态可以大致分为传统就业形态和新就业形态。

传统就业形态是指以劳动力为主要生产要素，通过雇佣关系，以固定工资为报酬的就业形态。这种形态的特点是稳定、安全、保障能力强，但同时也缺乏灵活性和自主性，受到市场波动与公司需求的限制，如公交车司机、主持人等。

新就业形态是指新一轮信息技术革命特别是数字经济和平台经济发展带来的一种就业新模式。这种形态的特点是劳动关系灵活化、工作内容多样化、工作方式弹性化、工作安排去组织化、创业机会互联网化，且正在成为吸纳就业的一条重要渠道，如网约车司机、网络主播、网络写手等。传统就业形态与新就业形态的区别如表1-1所示。

2016年的政府工作报告中提到"加强对灵活就业、新就业形态的支持"，首次提出"新就业形态"的概念，激起了社会各界的广泛关注。这一政策性概念概括了新一轮技术革命所导致的就业模式、工作模式的巨大变化，也概括了中国劳动力市场以及世界其他先进国家劳动力市场中出现的新趋势。根据《中国灵活用工发展报告（2021）》蓝皮书公布数据显示，2020年中国企业采用灵活用工比例约为55.7%，比2019年增加约11个百分点，近30%的企业打算稳定或扩大灵活用工规模。

表1-1 传统就业形态与新就业形态的区别

就业形态	劳动关系	技术手段	组织方式	工作特点
传统就业形态	雇佣关系	机械设备、生产设备	定时定点劳动	稳定性、保障性高
新就业形态	合作关系、平台雇佣关系	信息技术、互联网技术	随时随地工作	灵活性、自由度高

当代大学生思维活跃、创新能力突出，成为共享经济、平台经济中的一支生力军。此外，千禧一代、"00后"大学生身上浓浓的"爱自由"的气息，使得其在进行职业选择时与上一代和上上一代有着极大的不同。除了薪资水平外，他们更注重工作的职业发展潜力、与自身兴趣爱好的匹配程度、职业自由度和舒适度、职业带来的自尊心和成就感等。这些大学生身上所具有的特质与当前灵活就业的新就业形态特点也更加吻合。与一般的灵活就业不同，大学生的灵活就业是在互联网、大数据等新技术应用背景下、新业态下的自主就业和创业。根据全国高等学校学生信息咨询与就业指导中心数据统计，2020届全国高校毕业生的灵活就业占比16.9%，2021届高校毕业生灵活就业占比16.25%。

案例延展

灵活就业成为大学生就业新常态[①]

灵活就业是新的就业趋势和就业渠道

曾经，一说到"灵活就业"就被认为是找不到工作而"打零工"，而随着数

---

① 案例来源：节选自《中国青年报》2022年1月17日05版《灵活就业成为大学生就业新形态》，有删改。

字化经济、新业态的发展，灵活就业的内涵和外延不断被改写。

"灵活就业是新的就业趋势和就业渠道，相对于那些长期稳定的就业，灵活就业的人可以随时做、也可以随时走，对于企业来说用谁、如何用、用多久也都比较灵活。"东北师范大学就业创业教育研究院教授、全国高校就业创业指导教师培训特聘专家李亚员介绍说。

中青报·中青网记者在采访中发现，不少选择灵活就业的学生其实在上大学期间就已经有了"单干"的打算，甚至不少人大学期间就已经开始干"私活"了。

虞海从大连艺术学院动画专业毕业一年多了。在1997年出生的虞海看来，就业不一定要找"稳定"的工作，"现在各种机会很多"。

为了赚一些零花钱，虞海从大二开始便在别人开的网店做兼职动画设计，"活儿很好找"，虞海说，自己会用Maya软件，便去某宝上搜索"Maya模型代做"，搜到之后就去对接客户具体的需求。就这样，到大三时，虞海已经自己开了网店。毕业后，他没有去"找工作"，而是在学校的产业园注册了公司，开始创业。目前，这家公司的老板和员工都是虞海自己。

与虞海同年出生的艾海音有着类似的想法。毕业于北京城市学院的艾海音学的是珠宝鉴定与经营。因为自己的家人就在从事着与珠宝相关的行业，从进入大学校门那天起，艾海音就做好了将来单干的打算。

"学我们这个专业的最后真正能留在本行业的人并不多，"艾海音说，如果留在大企业中，最初的一些年很难接触到真正的专业，但是如果自己创业，前期需要的资金又比较多，比如囤石头、出鉴定书等都需要先期投入资金，"我们班40多个人，留在行业里的是少数。"

为了能顺利进入行业，艾海音跟合作伙伴一起做了很多调研，仅被称为"珠宝之都"的深圳水贝，他们就去过多次。

毕业之后，艾海音小小的"微店"便开张了。

在艾海音看来，自己的很多同学选择做UP主、博主，都是最大化地发挥自己的优势。而她之所以选择灵活就业，是因为知道这种工作形式，让她的个人能力有极大的提升速度。"职业没有什么高低贵贱之分，要看自己的能力。"艾海音说。

选择灵活就业不一定一直"灵活"下去

有些大学毕业生以为选择了灵活就业，就有了更多的自由发展空间，但其实，大多数人的灵活就业之路并不是一帆风顺的。

"可能有一些同学们觉得灵活就业又轻松又自由，以为做个抖音号用不了多久就能轻松变现了，一个月就挣几万，其实这样的人很少。"杨亚洲说。

杨亚洲刚毕业时就赶上了新冠疫情，而他之前做兼职时主要针对的领域是旅游业，而疫情让全球旅游市场跌入了谷底。"当时我也正面临毕业，到底是找一家公司呢，还是坚持这条道路，让我纠结了很久。"杨亚洲说。

杨亚洲最终还是坚持了自己的初衷。而坚持所带来的是：两个多月发了六七百封邮件，通过邮件联系国外的翻译公司或者直客（直接合作公司），但收效都很少。"我当时都开始怀疑人生了，每天的生活就是'投邮件'—'回复邮件'—'等待派稿'这样一个循环往复的过程，很煎熬。"

而李娜刚刚毕业的时候也是"一腔热血"的。

"我男朋友是摄影系毕业的，我主要负责出镜和编导，男朋友负责后期的制作和前期的拍摄，我们两个人完全可以组成一个小团队了。"李娜说。带着传媒专业"科班"出身的自信，李娜做了三个自媒体短视频账号。

但现实并不乐观。

李娜和男友在上学期间学习的专业知识针对的主要是电影、电视等传统媒介，在他们看来只要把视频做到尽善尽美，就足以"捕获"短视频平台上的观众了。

结果，"我们耗用几个小时甚至更多时间鼓捣出的几分钟的精品视频播放量都仅在500以内，点赞的也只有个位数，这对我们是不小的打击。"李娜说。

其实，不少选择灵活就业的学生在创业初期都遇到了这样那样的困难。

那么，选择了灵活就业的大学毕业生是不是就要一直"灵活"下去呢？

并不是。

李娜现在就找了一家短视频的平台，过起了打工族的生活，但是，对于李娜来说，这并不意味着放弃了她最初创业的那份事业。

"正是因为有了那一段时间的灵活就业，我知道了自己身上存在的不足，"李娜说，刚毕业的时候，由于对自己的编导能力过于自信，而忽略了与其他环节的配合，比如运营，同时对整个事业的发展考虑得也不够周全，"我当时就没怎么考虑过变现的路径，只是一门心思地扎进了内容制作中。"现在李娜到一个成熟的短视频公司后就是为了迅速地给自己"补课"，她现在会用业余时间继续打理自己之前的账号，但是，现在已经跟之前完全不同了，李娜一边做一边反思，还去很多类似的平台上分析研究那些做得成功的账号，再也不会抱着"我们拍什么观众就一定喜欢看什么"的想法了。更重要的是，李娜意识到：任何一个行业都不能有一个完全的保障，特别是疫情打醒了一大批睡梦当中的人，让大家都开始警醒自己的生存环境。父母希望她有居安思危的意识："最终都是要靠自己的，不能靠别人，每个人都要有不可替代的能力。"

河北农业大学 2016 届毕业生李云皓，现在执掌了一家为苹果园区生产端提供技术服务的公司，这是他从研究生一年级开始就确定的人生目标。

在读研究生阶段，一项苹果轮纹病调研工作，让李云皓发现了苹果种植业的痛点——果农缺实用技术。随后，他利用高校中的科技人才资源优势，对接果农的知识需求，为园区提供技术咨询服务。做着做着他发现，有的园区签订服务协议后需要"开票"，于是他就顺理成章地成立了公司，自然而然地走上了"灵活就业"这条路。

几年下来，和当年非灵活就业的同学相比，李云皓认为自己"成长得要快得多"。谈到原因，李云皓觉得很可能是因为灵活就业让自己"碰壁更多"，比如，公司创立初期，搞农业技术出身的三位初创人员对财务问题一窍不通，有天突然接到当地税务局的问询电话，三人都慌了，"我们是涉及到什么严重的税务问题吗？"其实，他们是由于"不懂"而忽略了注册公司必要的税务登记手续。

类似的碰壁事件不止一件，李云皓说，他们便在一次次"碰壁"中成长得越来越快。

尽管创业过程很艰辛，但李云皓认为，"对于我来说，创业是比较明智的选择"。他说："创业可能并不适合每一个人，但即便没有创业，我们也要有创业精神，要有勇气不断去学习新东西。"

▶ 第二节　就业的价值原点
——我们为什么要就业？

2018 年 7 月，中国青年报社社会调查中心联合问卷网，对 2009 名受访者展开了一项调查，结果显示，72.9％的受访者周围有"慢就业"的大学生。事实表明，"毕业即工作"的择业观正逐渐"松绑"，"慢就业族"和"待定族"在"00后"高校毕业生大军中悄然兴起。如果对当前"慢就业族"进行细分，就会发现慢就业也分为两类：第一类是积极的"慢就业"，有自己的未来规划和就业计划，只不过是选择一个时段放慢就业脚步，积蓄力量、提升自我。一旦时机成熟、方法得当，这类"慢就业"的年轻人也同样有机会后来居上，实现"弯道超车"。而第二类则是消极的"慢就业"，其实就是"懒就业"。这类学生往往屈从于就业压力，总以"工作难找"为借口消极逃避，整天"宅"在宿舍或家里。要么是高不成、低不就，要么就是有啃老的资本而放弃寻找工作。这种"慢就业"潜伏着危机，不利于大学生未来的发展。因此我们为什么要就业？或者说我们为什么不能"懒就业"？

一、获取经济报酬是生存生活的客观需要

大学生毕业进入社会以后，需要立即面临一个现实问题，就是通过就业来获得工作报酬以满足生存生活的基本需要。和校园里生活十分不同的是，大学生步入社会以后的生活成本会大大提高，衣食住行各方面都不再享受校园内的便利条件。也许在校期间，每月家里提供 2500 元的费用已经足够支撑生活，并且还有余力能够购买心仪的物品，周末还能和同学一起享受大餐。但工作以后，每月 3000～4000 元的工资都会感觉生活成本压力较大，如果还需要负担租房等开支，生活将会更加拮据。生存生活的现实问题要求大学生毕业后需要通过就业来实现经济独立，并且在工作岗位上不断积累经验、提升职业技能，在后续职业生涯发展中获得更高的劳动报酬、提升工作地位。

二、积极健康的生活需要融入社会

美国社会心理学家亚伯拉罕·马斯洛提出了一个著名的需要层次理论。他认为人都潜藏着不同层次的需要，这些需要在不同的时期表现出来的迫切程度是不同的。人的最迫切的需要才是激励人行动的主要原因和动力。人的需要是从外部得来的满足逐渐向内在得到的满足转化。马斯洛在人生的两个阶段提出了不同的观点，所以我们在一些书上只能看到马斯洛需要层次的五个方面：生理需要、安全需要、爱与归属的需要、尊重需要、自我实现需要，如图 1-1 所示。

在上述五个阶段需求层次基础上，马斯洛进一步提出了七种不同层次的需要，按照重要性和层次性排序依次是生理需要、安全需要、社交需要、尊重需要、认知需要、审美需要和自我实现需要。

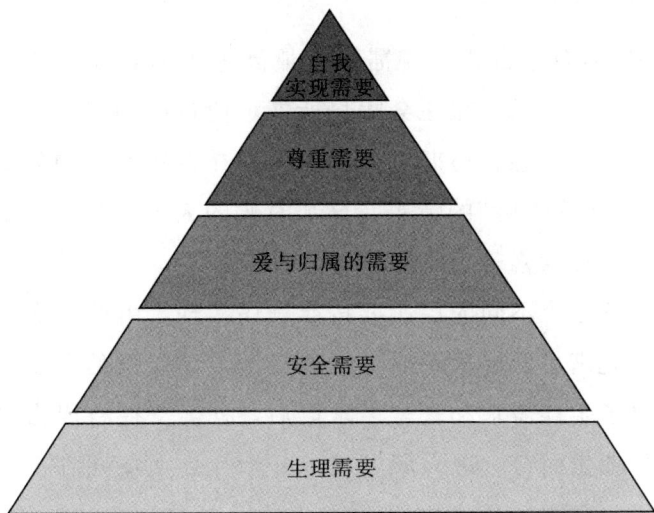

图 1-1　马斯洛需要层次的五个方面

（1）生理需要。生理上的需要是人们最原始、最基本的需要，如吃饭、穿衣、住宅、医疗等等。若生理需得不到满足，则有生命危险。这就是说，它是最强烈的不可避免的最底层需要，也是推动人们行动的强大动力。当一个人为生理需要所控制时，其他一切需要均退居次要地位。

（2）安全需要。安全需要包括劳动安全、职业安全、生活稳定、希望免于灾难、希望未来有保障等。安全需要比生理需要较高一级，当人们的生理需要得到满足后就要保障这种需要。每一个在现实中生活的人，都会有安全感和自由的需求。

（3）社交需要。社交需要也称爱与归属的需要，是指个人渴望得到家庭、团体、朋友、同事的关怀爱护理解，是对友情、信任、温暖、爱情的需要。社交需要比生理和安全需要更细微、更难捉摸。它与个人性格、经历、生活区域、民族、生活习惯等都有关系，这种需要是难以察悟、无法度量的。

（4）尊重需要。尊重需要可分为内部尊重和外部尊重，即自我尊重和评价、他人的尊重和评价。尊重需要很少能够得到完全的满足，但基本上的满足就可产生推动力。

（5）认知需要。认知需要又称认知与理解的需要，是指个人对自身和周围世界的探索、理解及解决疑难问题的需要。马斯洛将其看成克服阻碍的工具，当认知需要受挫时，其他需要也会受到威胁。

（6）审美需要。"爱美之心人皆有之"，审美需要是指每个人都有对周围美好事物的追求以及欣赏。

（7）自我实现需要。自我实现需要是最高等级的需要，是一种创造的需要。有自我实现需要的人，往往会竭尽所能，使自己趋于完美，实现自己的理想和目标，获得成就感。马斯洛认为，人们在自我实现的创造过程中，产生出一种所谓的"高峰体验"的情感，这个时候的人处于最高、最完美、最和谐的状态，具有一种欣喜若狂、如醉如痴的感觉。

马斯洛认为这七个不同的层次要按照顺序实现，由低层次一层一层向高层次递进。只有先满足低层次的需要才能去满足高层次的需要。由此可以看出，当我们满足了生存需求和安全需求以后，社会交往将成为迫切满足的需求。对于大学毕业生而言，进入职场就是开始社会交往并真正融入社会的重要途径。一方面，在职场环境中不可避免地需要与同事、领导、客户交往，职场关系会成为社会交往的重要支撑；另一方面，只有进入职场找到自身定位，在与同学、朋友、家人交往过程中才会更加从容自信。如果一直逃避就业，选择在家"啃老"，久而久之，之前建立起的同学、家人等社会交往关系也将逐渐疏远直至消散。懒散和休闲并不等同于快乐和幸福。在没有目标和工作支撑的情况下，人们容易感到无聊、虚无，甚至对生活产生悲观情绪。

三、劳动是人的本质需求

马克思主义从哲学层面深刻揭示了劳动是人的本质需要。高尔基曾说："我知道什么是劳动：劳动是世界上一切欢乐和一切美好事情的源泉。"崇尚劳动更是中华优秀传统文化的重要价值取向。"功崇惟志，业广惟勤""民生在勤，勤则不匮""君子之处世也，甘恶衣粗食，甘艰苦劳动，斯可以无失矣"……我国古人把劳动视为治生之本、治国之道，倡导通过勤勉劳动收获果实，磨炼意志，砥砺品德。大学生毕业后通过就业劳动才能真正体会到人生意义和价值，才能在平凡的岗位上释放出蓬勃的正能量。

对地方本科高校大学生而言，毕业后将服务地方经济社会发展，成长为应用型人才。更多的学生可能会深入各行各业的基层，或者到非一线城市甚至祖国偏远地区。也许工作较为辛苦，但如果不深入基层的真实劳动生活中，仅仅在办公室凭空想象，怎么能真正感悟到劳动的意义呢？只有当其真正与社会大众在一起，参与到社会基层劳动活动中，才能更好地了解、理解并关心广大人民群众的生活状况，提高民生意识。同时，在就业劳动实践中才能将在大学学到的知识运用到实际中去，从而提高自身综合素质。更重要的是，大学生能够在就业劳动中培养出勤奋、拼搏、顽强、创新的奋斗精神，为其未来的发展奠定坚实的基础。

四、实现中华民族伟大复兴的使命担当

大学生积极参与就业既是从个人发展角度出发的必然选择，更是从国家和社会发展角度出发应尽的使命担当。中华民族始终有着"自古英雄出少年"的传统，始终有着"长江后浪推前浪"的情怀，始终有着"少年强则国强，少年进步则国进步"的信念，始终有着"希望寄托在你们身上"的期待。新时代的中国青年，生逢其时、重任在肩，施展才干的舞台无比广阔，实现梦想的前景无比光明。将个人理想与社会需要有机结合，在祖国需要的地方建功立业，是每一个当代大学生义不容辞的使命担当。

青春宝贵，如果没有非慢不可的理由，就快点工作吧。对于绝大多数人来说，迟早是要进入职场的，实践证明，如果只是因为害怕、恐惧而逃避就业，时间越长，恐惧不仅不会消退，还会日益增长。人都是在实践中不断成长起来的，在各种探索中日渐明晰自己前进和努力的方向。只有脚踏实地努力奋斗，才有可能收获属于自己的星辰大海。

案例延展

"慢"不是目的，关键要有意义①

"慢就业"是一个中性词。对于合理的"慢"，社会应当更加理解和包容，但对毕业生而言，"慢"不是目的，不能为了"慢"而"慢"。无论快与慢，年轻人尽快找准属于自己的"赛道"才是关键。

虽然2021年才毕业，李容辰现在已经开始忙着投简历找工作了。对于他这样决定毕业后回国工作的留学生，要考虑国内很多企业"只招收应届毕业生"的硬性要求。"而且我在本科期间对研究生专业和工作的规划都比较清晰，也就没有'慢就业'的必要了。"李容辰告诉记者。

毕业于北京某大学外交学专业的于小文（化名）坦言，一些毕业生选择"慢

① 案例来源：节选自《光明日报》2020年9月20日05版《"慢就业"不能变为"懒就业"》。

就业"是无奈之举。有些同学当年选择专业就是"父母之言"，并不是出于自己的兴趣，毕业后不想从事相关工作；有些同学选择的专业跟市场需求不匹配，很难找到合适的工作；还有些同学在激烈的就业竞争面前败下阵来，被迫选择"慢就业"。当毕业遇上疫情，加入"慢就业族"的毕业生可能会更多。

如果不得已而选择"慢就业"，该如何"慢"出意义？"'慢就业'的时间因人而异，最好不要超过一年，最重要的是一定要有明确的规划，不能因为学习或工作压力的消失就漫无目的，演变成了度假，更不能成为浑浑噩噩的'啃老族'。应该牢记，这段时间是个'探路'的过程，要作出严肃、慎重的决定。"李容辰说。

北京一家物流公司的招聘负责人表示，对于"慢就业"的学生，公司看重的是这段时间他到底做了什么。如果只是无所事事、游手好闲，这会让人怀疑该学生的责任心和进取心。"慢"下来，是为了让自己步伐更坚定、更有竞争力。合情合理的"慢"，才能让人信服。

▶ 第三节　就业的发展过程
——就业是如何发展的？

一、求职的行动产生

大学生进入毕业阶段和处于非毕业阶段是完全不同的在校状态，进入毕业阶段开始求职的过程包含了观念—态度—行动的一系列转变。

(一)培养正确的就业观念

观念是人们对于事物的认知、理解和评价，是产生行动的前提和推动力量；而行动则是观念的体现和证明，是将观念转化为现实的具体实践。正确的就业观念则是产生积极就业行动的先行条件。只有树立了正确的就业观念，才能认识到自身的优势和劣势，制订出切实可行的就业计划，进而积极参加双选会、招聘会、网络求职等相关活动，更好地找到自己心仪的工作。此外，正确的就业观念还可以避免在就业过程中出现盲目跟从、随意涉足、浮躁心态等问题，提高就业质量和效率。正确就业观包括自主择业观、竞争就业观、职业平等观和多种方式就业观。

1. 自主择业观

有相当一部分高校大学生在毕业阶段对如何择业感到信心不足，甚至有严重依赖思想，具体表现为对父母言听计从，一切父母说了算。但有些父母对子女的求职愿望过分理想化，或者是以传统观念来看待当前大学就业问题，造成毕业生择业思想模糊、挑三拣四、举棋不定，一些同学还因此丧失了许多良好机会。对受过高等教育的大学毕业生来说，应在征求亲属意见的基础上，保留自己自主择业的想法，通过自身努力实现个人价值。

2. 竞争就业观

"人生如逆水行舟，不进则退。"在职业发展道路上，竞争始终伴随着求职者，优胜劣汰的竞争能推动社会发展、个人成长和进步。大学毕业生作为求职者需要通过自身的技能、经验、知识、能力等来获得一份理想的工作，而不是依靠其他渠道。要树立起终身学习和多次就业的观念，用科学知识不断充实自己，在经济发展的大潮中不断寻找适合自己的位置，开拓自己职业发展的空间。不求一劳永逸，但求不断进取，在实际工作中锻炼自己，提高自己，发展自己。

3. 职业平等观

职业无高低贵贱之分，有的只是工作内容、性质的不同。过去，大学毕业生在就业时看重国有企业、事业单位的"铁饭碗"，在职业选定后就"活到老，做到老，靠到老"把某一职业当成终身制。而现在，随着社会主义市场经济的发展、就业形势的变化，人们的就业观念也发生了改变。从"铁饭碗"到合同制，从国家分配到自主择业，从终身制到多次选择职业等，这些情况要求大学毕业生抛弃传统的择业观。尤其对于新建地方本科高校的大学生而言，迫切需要到国家基层、生产一线、小微型企业寻找自己的发展空间，实现个人价值，为实现中华民族伟大复兴的中国梦贡献青春力量。

4. 多种方式就业观

大学毕业生在择业时应不局限于传统的固定职位或传统的全职工作，可以选择适合自己的就业方式，从而实现自身的职业发展和价值实现。在当今社会，数字经济的快速发展已经对劳动力市场运行、劳动者选择的就业形态和职业发展路径产生了很大影响。数字经济时代的新就业形态正在不断涌现。地方高校大学毕业生要适应这种快速变化的就业市场，不断学习、创新，利用多种就业方式提升自己的竞争力和可持续发展性，实现自我发展和职业多样化。

(二)拥有积极就业的态度

观念和态度是密切相关的。观念是人们对于事物的认知、理解和评价，而态度则是人们对于某种事物、现象或行为的心理倾向和反应。当同学们对就业有了正确的认识，就会对就业抱有积极的态度。积极的就业态度体现为端正就业目标、避免理想主义、克服从众心理、树立自强信心和敢于面对挫折。反之，不正确的就业态度则会产生消极的就业状态。

1. 端正就业目标

大学毕业生应依据自己的专业、爱好和特长，选择适合的求职方向，不要盲目地四处撒网，这样不仅耗费个人的"有限资源"，还会因择业漫无目的徒增求职失利的打击。"实力决定一切"，大学生求职时树立的择业目标应和本人具备的实力相当或接近。

2. 避免理想主义

目前，国家在各个层面陆续出台多种措施鼓励高校毕业生到基层就业，也为新建地方本科高校大学毕业生提供了广阔的就业舞台。大学毕业生在热门岗位、中心城市求职时要保持理智，不能过于理想主义，应及时调整就业期望值，到最适合自己发展的地方去求职、去锻炼、去成长。

3. 克服从众心理

大学毕业生应从自身特点、能力和社会需要出发，选择适合自己的岗位，克服从众心理，不与同学盲目攀比。人的能力有大小，只有适合自己的地方才能发挥出自己的真正价值。

4. 树立自强信心

大学毕业生应克服自卑、胆怯的心理，强化自信心，相信自己的实力，相信自己的能力，相信自己的知识。同时，在众多的求职者当中，应通过细心的了解、精心的准备，让自己的优势当"先锋"，把自己最擅长的一面展示给用人单位。

5. 敢于面对挫折

大学毕业生在遇到挫折时，不应消极退缩，而应采取积极的态度，勇于面对不足、勇于改正、勇于做进一步的挑战。

(三)做出主动的求职行动

积极的就业态度，将会触发主动的求职行动。具体表现为关注各种渠道求职信息，向心仪企业投递简历，参与笔试、面试等求职考核。具体行动包括制订详细求职规划、多维度搜集信息、认真准备求职材料、学习面试技巧、寻找实习机会、参加校园招聘会以及寻求帮助和建议。

1. 制订详细求职规划

大学毕业生应主动思考自己的职业目标和发展方向，根据学业安排和招聘时间，制订明确的求职计划。

2. 多维度搜集信息

大学毕业生可通过多种方式积极了解行业、企业、职位等信息，不断更新自己的求职知识和技巧。

3. 认真准备求职材料

大学毕业生应撰写简历，客观、精准地描述自己优势和能力，吸引招聘者的注意。

4. 学习面试技巧

大学毕业生在求职前可反复练习直至熟练掌握面试技巧，做到表达清晰、自信、真诚，给用人单位留下良好的印象。

5. 寻找实习机会

大学毕业生可通过实习积累工作经验，建立人际关系，增加自己的求职竞争力。

6. 参加校园招聘会

大学毕业生可到各类校园招聘会上主动展示自己，了解企业和职位信息，简历投递，择优选择。

7. 寻求帮助和建议

大学毕业生可寻求各种渠道的帮助和建议，如就业指导中心、专业导师、校友等，汲取求职经验和成功心得，提升个人求职技能。

二、求职的内在过程

当同学们真正进入就业市场开始求职时，并非一蹴而就、立马就能顺利找到心仪的工作。而是在人选岗位、岗位选人及动态调整的过程中不断反复，直至找到毕业后令自己满意的第一份工作。具体包括了下面三个阶段。

(一)心理挑选过程——人选岗位

求职首先蕴含的是个人对岗位的心理挑选过程。中华人民共和国成立以后，由于高校毕业生是十分稀缺的人力资源，所以当时我国实行的是"普通高等学校毕业生的工作由政府分配"制度，即普通高校和中专学校毕业生由国家负责按计划统一分配工作。也就是说，只要你考上了大中专学校，毕业后就拥有国家干部的身份。这种毕业分配制度强调的是"服从国家"，对个体的职业兴趣、职业技能、爱好、能力、特长及就业要求等不太重视。毕业分配制度在特定时期内，起到了推动人才流动和资源调配、协调不同行业和地区利益的作用。但随着市场经济体制的建立，其弊端愈发明显。

随着就业制度不断改革，现如今高校毕业生的就业由原来被动地分配工作变为主动地选择工作。即在国家方针政策指导下，在一定范围内实行毕业生选择职业、用人单位择优录用的制度。高校毕业生在就业市场中占据主体地位，可以根据个人兴趣、爱好选择心仪的岗位。所以大学生求职，是建立在个人先对岗位有心理认同和心理倾向基础上，再通过向用人单位投递简历、他人推荐等多种方式主动发出工作意向。调查显示，大学生在求职时通常会注重以下方面。

1. 工作内容和挑战性

大学生通常希望能够得到一个有意义且有挑战性的工作，可以让他们能够在工作中施展自己的才华和专业技能。

2. 晋升机会和发展空间

大学生在选择工作时也会考虑公司的发展前景和自己的职业发展空间，希望能够得到良好的晋升机会和发展空间，以实现个人职业规划。

3. 薪酬和福利待遇

薪酬和福利待遇也是大学生选择工作时考虑的重要因素之一，这些因素直接关系到大学生毕业后的生活质量和经济状况。

4. 公司文化和团队氛围

调查显示，"00后"大学生为了适应工作环境和融入公司，对公司文化和团队氛围尤为看重，希望能够找到一家与自己价值观相符合的企业。

5. 发展前景和行业前景

大学生同时也需要关注行业的发展前景，判断自己所在的行业是否有良好的成长前景，选择更具有稳定性和发展性的企业。

当然由于自身的家庭情况、教育背景、所学专业情况不同，大学生有着各不相同的职业目标和职业追求，但以上几点仍然是大学生求职时较为重视、需重点考虑的因素。

(二)能力抗衡过程——岗位选人

在"包分配"的就业时代,大学生既没有根据自身情况自主挑选岗位的自由,用人单位也没有根据企业发展需要择优选择毕业生。现如今在双向选择的就业市场中,随着就业竞争加剧,在求职者提出岗位申请之后,用人单位可根据求职者的各方面素养以及与岗位素质的匹配程度,择优选择更加适合自身发展的毕业生。因此,求职的第二个环节就是岗位选人的过程,也是各求职者能力相比较的过程。随着社会经济快速发展,用人单位对大学生能力素养的需求越发多元化。尤其是对将要服务地方经济社会发展的地方高校大学毕业生而言,以下能力和素养是用人单位着重考察的方面。

1. 专业技能和学科知识

用人单位希望毕业生具备良好的专业技能和扎实的学科知识,能够快速上手并胜任工作任务。

2. 执行能力

作为刚毕业的大学生,是否具有高效的执行能力是用人单位尤为看重的方面。执行能力既可以衡量毕业生能否按时、高效地完成工作任务,同时也可检验其面对复杂工作任务,能否找到最佳处理方案并妥善解决。

3. 沟通协调能力

根据提高工作效率和分工合作的需要,用人单位看重毕业生的沟通协调能力,即能够有效地与团队沟通合作、协调资源。

4. 团队合作精神

团队合作是企业正常运转的必备条件,用人单位注重毕业生具备良好的团队合作能力,即能够共同分担压力,协同完成任务。

5. 社会责任感和品德修养

国家偏远地区、生产一线、小微型的企业注重毕业生的社会责任感和品德修养,即能够秉持诚实守信、勇于担当的职业精神,帮助企业树立良好的形象。

6. 语言表达和写作能力

面对复杂的工作环境和较高的岗位要求,用人单位看重毕业生的语言表达和写作能力,可以说这是在各类职场上进行交流和展现个人形象的"标配"。

总之,用人单位在招聘大学生时,不再单纯看重学科知识,也更加注重其综合素质和能力，因为其在提高职场竞争力和发挥潜力的同时，也能为企业创造更大的效益。

(三)反馈调整过程——动态调整

在求职时，当高校毕业生向心仪的岗位投递简历，通过笔试、面试等筛选环节以后，就会顺利地收到用人单位的工作邀约，也就是俗称的"offer"。事实上，几乎很少有大学生在求职时一次就能成功，大部分人需经过长时间的反复调整才能顺利找到一份工作。

根据应届毕业生求职网发布的《大学生毕业求职成本调查报告》显示：在时间成本方面，应届毕业生平均求职时长为 3 个月；在简历投递数量方面，49.08％的应届毕业生投递的简历数量在 10～30 份之间，21.91％的应届毕业生投递了 30～50 份简历才找到工作；在参加面试次数方面，45.88％的应届毕业生在求职期间共参加了 6～15 次面试，25.05％的应届毕业生参加的面试次数在 15 次以上。

由此可见，大部分毕业生在求职时都经历了多次尝试。随着求职市场竞争加剧，用人单位对高校毕业生提出更高水平、更广范围的能力素养要求。当屡次求职失利以后，高校毕业生就需要认真思考，个人能力与岗位要求之间是否还存在较大差距，并根据结果，及时进行动态调整直至顺利找到工作。这种反馈调整主要包括以下两个方面。

1. 降低职业期待

对于大学生来说，在求职过程中，过高的期望值往往会导致自己错失很多机会，从而增加失业的风险，要摆脱过高的期待值和不切实际的想法。对于地方本科高校大学生而言，在对岗位的性质、薪酬水平、工作地点等条件进行考量时要从实际出发。鼓励大家在国家偏远地区、小微企业、一线岗位上脚踏实地。不要轻易拒绝一些综合实力不错但岗位薪资偏低的机会，在取得一定的工作经验后，可通过不断学习与提升实力，为自己的职业发展创造更多的机会。

2. 提升求职竞争力

大学生的求职技能并非设定好、一成不变的，而是伴随求职过程不断提升的。因此大学生可以通过优化简历、参加线上或线下的职业培训课程、参加招聘会和求职活动等方式了解行业动态、积累实践经验。这样才能不断提升个人素质能力，以达到岗位需求，实现人岗匹配，最终在就业竞争中脱颖而出。

三、求职的成功要诀

如何才能在激烈的就业市场顺利找到工作？

(一)准确的认知——先评估后选择

大学生要想在就业市场中找准自身的就业目标和定位，必须先仔细评估，再慎重作出选择。只有在清楚掌握整个市场环境、岗位要求和自身能力的基础上，才能准确、客观地找到合适自己的就业岗位。

1. 就业形势

大学生要掌握整体就业形势，应明确当前所处时空方位坐标，了解劳动力市场的整体供需状况，以便更好地认识职场竞争的激烈性和职业发展的艰难性，从而学会适应和应对职业挑战。

2. 岗位要求

在求职前，大学生应仔细阅读招聘简章的详细要求，包括所需专业背景、学历水平、职业技能等硬件条件，以做好相应准备。

3. 自身条件

求职前，大学生应仔细评估自身是否达到岗位要求，分析自己在众多竞争者中究竟处于优势还是劣势。

(二)持续的努力——提能力促竞争

在求职者和用人单位的双向选择中，用人单位通过简历筛选、笔试面试考核等环节，择优录取最适合的求职者。因此，大学生要想在激烈竞争中脱颖而出，需提升相应的职业技能，如简历制作、面试技巧、社交技能等，不断提高自己的求职能力和职业竞争力，使得自身在能力提升中实现顺利就业。

(三)准确的时机——先就业后择业

新建地方本科高校的毕业生一定要树立先就业后择业的观念。随着社会竞争加剧，大学生将面临越发严峻的就业形势。也许第一份工作并不是那么完美或者符合个人期待，但大学生可以通过在岗位上不断实践，在实践中锻炼，在锻炼中提升，不断增强自己的就业竞争力，待时机成熟再寻觅更好的岗位。切不可长时间处于待业状态，这样做不仅会错失很多机会，更有可能对今后的求职产生负面影响。

案例 延展

大学生小谢求职记①

这个求职季，就读于江西财经大学的应届毕业生谢龙琦感受到了浓浓暖意："就业援助月"活动正在进行，各类招聘送来许多工作机会；学校加强就业辅导，提供各类帮扶；当地优惠政策力度大，毕业生可享受生活补贴、租用人才公寓等多项福利……一项项举措，让谢龙琦的求职路越走越宽。

寒假还未结束，2023 届高校毕业生谢龙琦趁着去江西省九江市探亲的时候，在网上刷到了一条招聘信息："2023 年九江市春风行动暨就业援助月专场招聘线下活动等你来!"这让正处于求职季的谢龙琦眼前一亮："如今，省内也有不少优质企业和就业机会，为何不出去转转，投份简历？"

说走就走。在九江联盛快乐城广场的空地上，只见 100 多个摊位排列成行，各自桌前摆着公司简介和招聘简章，闻讯赶来的求职者们或驻足浏览，或细心询问，现场气氛很是热闹。

据了解，为贯彻落实人社部等相关部委《关于开展 2023 年春风行动暨就业援助月的通知》，江西各地当前正在开展 2023 年春风行动暨就业援助月专项服务活动。活动采取线上招聘、直播带岗、送岗下乡等模式，通过一对一帮扶措施，全力满足劳动者就业服务需求，促进更加充分更高质量就业。

这些举措，让谢龙琦更有信心找到心仪的工作。

岗位选择更多样

谢龙琦就读于江西财经大学会计学专业，自入校以来积极参与社会实践，注重加强专业实习，希望在求职季能找到一份好工作。此前，为增强业务能力，谢龙琦在朋友创办的小型公司里负责财务，接触了缴税等会计工作，还在会计师事务所接触了部分审计工作。去年暑假，谢龙琦正式加入秋招。

2022 年受疫情影响，大部分简历投递和初面都是在线上进行。在谢龙琦看来，由于无法展开线下交流，简历的筛选较为严格，部分公司只选择在个别学校展开宣传。为此，谢龙琦调整目标，扩大了求职范围。"过去，我可能会更多地投银行、房地产、互联网等行业的大公司，但在秋招过程中我也开

---

① 案例来源：节选自《人民日报》2023 年 02 月 14 日 14 版《大学生小谢求职记》。

始关注其他行业的岗位。"谢龙琦说。

与此同时，南昌市吸引 10 万名大学生和技能人才来昌创业就业百场校招活动正式进入江西财经大学。"本次活动共吸引 214 家企业参加，其中江西省内企业 113 家、省外企业 101 家，集中提供岗位 921 个、需求人数 11566 人，吸引了校内近 3000 名毕业生参加。"江西财经大学招生就业处副处长曾祥麒介绍。

线下交流使谢龙琦不仅加深了对企业的了解，对自己也更有信心。春节前后，始终对各类平台招聘信息保持密切关注的他发现，南昌经开区组织了首场 2023 年春风行动就业援助月线上直播招聘会，直播现场正好设在江西财经大学。"此次招聘企业多在经开区有设点，离学校近，无论面试还是未来工作都方便，请同学们多多关注！"就业辅导老师特意提醒。

"该企业专注于锂电池研发设计，除技术研发岗外，还设有部分财务岗，工作地点在南昌……"直播间里，主持人耐心细致地介绍岗位相关信息。经过了解，谢龙琦感觉企业未来发展前景好，投递了简历，不久就得到了面试通知。春节前后，谢龙琦还收看了老家宜春市举办的公益网络招聘会、九江线下专职招聘会和经开区线上招聘会。

在他看来，无论是线上直播选岗面试还是线下招聘，春风行动整合了大量就业资源，为找工作提供了很多便利，在和众多企业的交流中，求职者可以学到不少经验。"我自己也在这个过程中不断调整就业观念，了解企业所在地的扶持政策，慢慢建立起求职信心。"谢龙琦说。

就业指导更精准

打开一张电子表格，几页明晰的毕业生生涯规划表映入记者的眼帘。谢龙琦所在的班级共有学生 50 余名，学校明确要求每个班级必须配备一名就业指导老师，同时建立清晰台账，摸清学生就业、升学、考公等不同方向的进度情况，随时跟进问询，向学生提供帮助。

江西财经大学会计学院辅导员王鹏表示，持续加强就业指导，还需要做好咨询服务。据了解，自 2022 年以来，江西财经大学设立了 26 名专兼职咨询人员，开展一对一个体咨询服务，提供求职个性化指导，实现"点"上精准对接，坚持咨询服务不间断、规划指导不缺席。进入寒假，学生还可通过"智慧江财"小程序进行线上预约咨询。

为促进毕业生就业能力提升，江西财经大学开展就业指导月、职业生涯规划大赛等活动。

"我就是学校职业生涯规划大赛的受益者!"提起曾经参加的活动,谢龙琦感到很庆幸。最令谢龙琦印象深刻的,是在职业生涯比赛中,老师指导学生们组队采访本专业相关的优秀财务人。"前辈们对财务领域的深耕、对国家政策法规的熟稔以及对创业知识的介绍,都让我获益匪浅。"据了解,江西财经大学自去年以来开展了就业形势及基层就业讲座26场、求职能力提升团体辅导28场、其他与就业相关的比赛及活动25场,为全体毕业生提供免费讲座12场、赠送书籍1000余套,受益学生达1.2万余人次。

一面加强就业指导,另一面强化校企合作。学校还组织了书记校长带头访企拓岗促就业专项行动,共走访500余家企业,各培养单位与有关行业企业签订200余家就业实习基地。"我们成立了江西财经大学企业俱乐部联盟。截至2022年底,共与5家知名企业建立俱乐部,打造校企就业一体化新模式。"曾祥麒介绍。

与此同时,该校还积极推动困难学生求职就业。去年,学校落实江西省困难高校毕业生一次性求职补贴发放工作,已为2022届602名符合条件的毕业生发放一次性求职补贴共计60.2万元,为99名家庭经济困难和就业困难毕业生发放求职补贴共计5.94万元。"今年,新一轮补贴工作也已开展,每名符合条件的困难学生将获得1000元补贴。"曾祥麒说,除了补贴,学校还设有就业实习经费和求职工作经费。此外,做好就业困难毕业生心理疏导工作,落实就业责任老师,提供"一对一"帮扶服务。全校2022届脱贫家庭、低保家庭或残疾毕业生的毕业去向落实率均高于全校整体去向落实率。

人才政策更优惠

从最初倾向于到粤港澳大湾区发展,到开始留意本省本地的优质工作机会,谢龙琦求职目标转变的背后,是南昌富有吸引力的人才引进政策。

"喏,点开i南昌小程序,在首页有一个优惠政策直达选项,点进去就能看到所有关于毕业生的相关政策。"谢龙琦告诉记者,自己向往届学长确认过情况,"按照学历和学校的不同,会有不同等级的补贴。只要签好了公司,在手机上输入相关信息,补贴几分钟就能到账,非常方便快捷。"

2022年,南昌市围绕经济社会发展需求、紧盯南昌人才队伍建设短板,出台了《关于支持大学毕业生和技能人才来昌留昌创业就业的实施意见》(南昌人才10条)。此前,南昌市及经开区亦分别出台关于人才引进的系列创新举措。"落户南昌，一次性补贴1000元；社保缴满6个月，本科生可直接申请生活补贴2万元；租用人才公寓，本科生可长达3年；另外还有购房、创业补贴……"南昌经开区就业创业中心负责人李星说。

在南昌经开区人力资源服务中心一楼大厅，一处特辟窗口吸引了记者的注意。为确保政策兑现能够便捷高效，经开区坚持"让数据多跑路、让人才少跑腿""秒批秒办"的原则，建设了南昌经开区人才综合服务平台，做到人才政策不见面申报、不见面审核、不见面兑现，仅需登录平台就可以对人才政策"一网查询"，实现"一网通办"。

2022年以来，经开区鼓励本区企业招录高校毕业生和部分就业困难青年。企业与其签订劳动合同并为其缴纳至少一个月失业保险费的，按每招用1人1500元的标准发放一次性扩岗补助。企业新录用五类人员并组织入职培训的，培训合格后，按照用工级别不同又将给予企业部分补贴。

据悉，南昌经开区包括高职高专在内共有高校30余所，每年应届毕业生有6万余名。2022年秋招以来，经开区组织校园招聘会55场，累计提供岗位92026个。2023年春风行动开展以来，已摸排区内企业100余家，征集区内优质岗位4000余个。

第二章 就业形势与政策

第一节 新建地方本科高校大学生的就业形势

要想准确把握当前就业形势及其发展趋势，必须厘清所面临的时空特征。从时间上，高校大学生要想实现就业，必须抓住中华民族伟大复兴战略全局与世界百年未有之大变局交叠所带来的机遇和挑战。同时，还应立足新建地方本科高校的空间定位准确全面分析当前和未来一段时期的就业形势。

一、时间特征

形势是指事物的发展状况，是周围环境的情形或者一定时间内各种情形相对综合的情况。从概念可以看出，形势并非一成不变，而是随着时间推移逐渐发生变化。因此，时间坐标是描述、分析、研判当前就业形势必须考虑的重要因素。

从时间发展脉络看，中华人民共和国成立以来我国大学生就业经历了 3个阶段发展变化。

（1）统包统分阶段。中华人民共和国成立之初，大学生在我国是十分匮乏的人力资源。在此阶段，大学生毕业以后按照国家计划，统一分配至国家需要的工业建设、农村基层或其他方面。这种就业政策带有浓厚的计划经济色彩，国家按照经济和社会发展需要有计划地培养大学生，待其毕业后将他们分配至最需要的地方。这种国家宏观调控式的就业制度，能够有计划地培养和分配稀缺人才，实现资源最优配置，在当时经济欠发达背景下发挥了推动人才发展和人才培养的重要作用。

不过统包统分阶段的就业政策也存在严重弊端，由于政策具有很强的刚性，大学生毕业生并没有自我选择的机会，毕业被分配到工作单位后，一切调配全部服从组织安排，流动机会也较少。毕业生和用人单位缺乏自主权，因此在职业发展中也缺乏相应的积极性和主动性。

（2）双向选择阶段。从 20 世纪 80 年代中期到 90 年代末，伴随改革开放的步伐，我国大学生就业政策开始逐渐步入双向选择阶段。1985 年，《中共中央关于教育体制改革的决定》出台，提出对国家招生计划内的学生实行"在国家计划指导下，由本人选报志愿、学校推荐、用人单位择优录用"的分配制度。这标志着大学生分配政策的巨大变革，在分配过程中毕业生、高校和用人单位被赋予了一定的自主权。

这一阶段的政策是伴随经济体制改革而变化的。当时我国正处于从计划经济向社会主义市场经济过渡的阶段，政府在很多方面正在改变以往角色，在毕业分配中也逐步减少控制力度，希望加大市场配置的作用。就业分配政策的变革，适应了改革开放的需要，提高了个人、用人单位和高校的权利，较原来的统分统包的就业政策无疑是适应历史发展的一个巨大进步。

（3）自主择业阶段。随着社会主义市场经济体制基本建立，我国开始实施科教兴国战略。从 1999 年起，高校开始连续扩招，招生规模持续扩大引发的直接结果就是就业矛盾的突出。在这种形势下，国家颁布《面向 21 世纪教育振兴行动计划》明确规定：从 2000 年起，我国要建立比较完善的毕业生就业制度，并同时将向毕业生发放的"派遣证"改为"就业报到证"。1999 年 6 月的全国教育工作会议指出，毕业生的就业制度应当是一个不包分配、竞争上岗、择优录用的用人制度。这标志着我国大学生就业制度转向了以市场为主要导向的新阶段。

市场化就业政策改革，给予了大学毕业生和用人单位更加充分的自主权。从毕业生的角度来看，自主择业能够体现学生的就业愿望，有利于其发挥个人特长、激励职业成长；从用人单位的角度来看，也可以根据自己的需求挑选合适的人才，更好地满足用人的要求和自身发展需要；从高校的角度来看，学生的就业率越来越能增强学校的声誉，因此学校需研究社会用人需求的变化，根据市场的要求，提高教育教学质量和人才培养能力；从政府的角度来看，这样的就业政策强调了市场配置的作用，使人才劳动力能够更加充分地转化为生产力。总之，以市场为导向的就业政策是符合现实历史条件各方利益的最优政策。

在当前自主择业阶段，新建地方本科高校毕业生面临的就业形势在时间坐标上有两个显著特征。

(一)中华民族伟大复兴战略全局

实现中华民族伟大复兴，概括了近代以来中国历史发展的主线，以最恢宏的气势描绘出历代仁人志士追求的伟大梦想。当前，中华民族的复兴进程进入关键时期，我国正经历着历史上最为广泛而深刻的社会变革，也正在进行着人类历史上最为宏大而独特的实践创新。今天，我们比历史上任何时期都更接近、更有信心和能力实现中华民族伟大复兴的目标。

对新建地方本科高校大学生而言，意味着面临艰巨任务、承担光荣使命。尤其应在国家需要的偏远地区、广大基层、生产一线，发挥个人优势，立足服务区域社会发展，为实现中华民族伟大复兴贡献应有的青春力量。

(二)世界百年未有之大变局

进入 21 世纪，世界大变局的调整呈现出一系列新特征、新表现。世界经济版图发生的深刻变化前所未有，发达国家和发展中国家在国际分工体系中的地位角色发生重大转变，发达国家经济增长乏力，新兴经济体和发展中国家在世界经济中占据越来越大的份额，世界经济中心加快"自西向东"位移。新一轮科技革命和产业变革带来的激烈竞争前所未有，不仅有力重构了全球创新版图、重塑全球经济结构，而且深刻改变了人类社会生产生活方式和思维方式，推动生产关系变革，给国际格局和国际体系带来广泛而深远的影响。

这使得大学生毕业生的就业面临诸多挑战。一方面，新一轮科技革命和产业变革使得传统行业面临产业升级，部分岗位可能需调整升级；另一方面，在全球创新版图重构过程中，我国高科技行业和互联网行业等近年来遭遇严重外部打压，发展面临较大阻力，比如许多知名互联网大厂，也陆续出现裁员潮。

二、空间特征

分析新建地方高校大学毕业生所面临的就业形势，必须准确理解新建地方本科高校在空间坐标上的特征。

地方本科高校是指学校隶属于省市管辖，办学经费主要来自地方，为地方和行业培养应用型人才的普通本科院校。据教育部公布的数据，2015 年全国共有普通本科高校 1219 所（含独立学院 275 所），隶属中央部门普通本科高校 113 所，占 9.3％，隶属地方普通本科高校 1106 所，占 90.7％。在 2000 年至 2015 年 16 年时间里，我国新建本科院校（含独立学院）共 678 所，占全国普通本科院校的 55.6％，占据了本科院校的"半壁江山"。新建本科院校布局主要在非省会城市，截至 2015 年 5 月，我国在非省会城市布点的新建本科院校 208 所，占全部新建本科院校的 51.6％。全国现有 339 个地级及以上城市，新建本科院校已分布于其中的 196 个城市，布点率达 57.8％。与此对照的数据是 1998 年全国本科高校 591 所，1/10 在北京，1/2 以上集中在 20 个大城市，地级及以下城市很少有本科高校。地方本科高校对高等教育规模扩张的贡献最大，为我国高等教育进入大众化、高等教育规模跃居世界第一作出了重要贡献。

同时，地方普通本科高校面临更加严峻的就业形势和更加严重的就业难问题。一方面新建地方本科高校毕业生人数高速增长，进一步增加了就业市场竞争的激烈性；另一方面，用人单位对新建地方本科高校毕业生的需求定位是应用型技术人才、复合性人才，许多大学生往往难以满足这些用人目标。因此，教育部、国家发改委、财政部联合印发的《关于引导部分地方本科高校向应用型转变的指导意见》提出，地方本科高校要主动适应我国经济发展新常态，主动融入产业转型升级和创新驱动发展，把办学思路真正转到服务地方经济社会发展上来，转到产教融合校企合作上来，转到培养应用型技术技能型人才上来，转到增强学生就业创业能力上来，全面提高学校服务区域经济社会发展和创新驱动发展的能力。

三、当前大学生就业面临的形势

用马克思辩证唯物主义分析当前就业形势，可以发现大学生就业面临着挑战和机遇并存、困难与希望同在的新局面。只要同学们能够辩证认识、正确处理、把握机遇，就能顺利开启属于自己的职业新篇章。

（一）新挑战

从外部环境分析，当前新建地方本科高校大学生就业主要面临以下外部挑战。

1. 岗位供需关系失衡

供给和需求是经济学的基本概念，同时也是大学生就业市场运行的基本逻辑和永恒主题。从大学生整体就业市场的岗位供需关系分析，我国正面临着岗位供给增长赶不上岗位需求高速增长的严峻挑战。

(1)岗位需求屡创新高。当前待就业大学毕业生主要由当年应届大学毕业生和往届未就业大学毕业生两部分构成。自1999年实行高校扩招政策以来，我国大学毕业生人数已经连续激增20余年。2022年，我国高校毕业生人数首次突破千万人大关，达到1057万人；2023年，我国高校毕业生人数继续增长，将达到1158万人。目前我国本科教育"体量"世界最大，本科高校教职工人数世界最多，中国已经成为名副其实的高等教育大国。

除了应届毕业生群体人数持续激增，往届未就业大学生人数持续增加也为大学生就业市场带来较大压力。根据国务院办公厅公布数据，2022年底我国离校未就业应届大学毕业生人数达200万人。调查显示，"985""211"高校初次就业率总体上高于地方普通高校。不同地方普通高校就业率表现参差不齐，东部经济发达地区高校初次就业率较高，比如上海市多所高校都在90%以上。同一省份的高校表现也有差别，增量问题和存量难题相叠加，给大学生就业带来严峻挑战。

(2)岗位供给面临阻力。十九大以来的五年，是极不寻常、极不平凡的五年。尽管疫情之后经济形势在好转，就业形势也在回暖。但总体仍然面临较大的阻力。受内外部环境影响，许多大企业并不再一味扩大规模。与此同时，全球经济增长乏力、市场需求整体不足，中小微型企业生产也面临较大生存压力。总体来看，就业市场岗位供给面临较大挑战，岗位增长速度，尤其是大学生所向往的"梦中情岗"的增长速度显然跟不上大学毕业生的增长速度。

2. 就业结构性矛盾突出

除了整体供需市场失衡外，大学生就业结构性矛盾突出、岗位供给内部不平衡问题也带来严峻挑战。具体表现在以下几个方面。

(1)地域结构与就业机会不平衡。区域经济发展不平衡是我国经济发展现状的客观事实，也是直接导致大学生就业形势严峻的主要原因之一。沿海城市经济发达，大部分大学生一毕业就选择前往这些沿海发达城市就业，造成大学生扎堆，人才过剩，而经济欠发达的地区，往往很难吸引大学生前往就业。因此，出现了大学生就业机会向发达地区和城市集聚的现象，而欠发达地区和农村地区的就业机会相对较少，导致人才流动受阻。尤其是新建地方本科高校大学生的就业机会更多是在广大基层和中西部地区，使得这部分高校毕业生群体的就业面临一定阻碍。

（2）就业方式与就业期望不匹配。大学生普遍希望从事较高端、稳定的工作，但实际就业市场提供的工作多为基础性的、变动性较强的工作。有些毕业生感到"找不到理想的单位"，但同时又有许多基层一线的用人单位急需人才但又招聘不到毕业生，特别是西部欠发达地区难以对应届大学毕业生产生强大的吸引力，客观上反映了毕业生求高薪、求舒适、求名气的普遍心态。这导致大学生的就业期望与实际就业情况不匹配，因此他们的就业压力和焦虑不断增加。以 2022 年为例，在全国 1.62 亿经营主体中，有招聘需求的有近 4000 万家，实际招到高校毕业生的只有 265 万家。从总体上讲，岗位需求规模基本可以满足高校毕业生实现全部就业，但由于有效需求不足和实际岗位与就业期待不匹配等原因，就会出现"有的地方没人去、有人没地方去"的结果。

（二）新机遇

党的二十大报告描绘了全面建成社会主义现代化强国的战略路线图，指出从 2020 年到 2035 年基本实现社会主义现代化；从 2035 年到本世纪中叶把我国建成富强、民主、文明、和谐、美丽的社会主义现代化强国。在这一战略目标引领下，加快构建新发展格局、着力推动高质量发展也为大学生就业带来了良好机遇。

1. 高质量发展带来就业机会

高质量发展是全面建设社会主义现代化国家的首要任务。党的二十大报告指出，要坚持以推动高质量发展为主题，把实施扩大内需战略同深化供给侧结构性改革有机结合起来，增强国内大循环内生动力和可靠性，推动经济实现质的有效提升和量的合理增长。一方面，经济高质量发展为社会带来了更多的就业机会；另一方面，随着新一轮科技革命和产业变革，在不断改变和刺激消费者需求的同时，活跃了新的就业市场，为相关产业提供了新的发展空间，为大学生就业提供了更多的机会。

2. 积极的就业创业政策带动就业发展

近年来，国家和政府大力引导大众创业、创新，不断加大对大学生就业实施多元化政策的支持，如减免一定营业税、提供创业培训指导、建立创业基地、设立创业专项资金、提供小额贷款等优惠政策。这些国家政策的实施旨在提高大学生的创业热情，缓解就业压力，极大地促进了大学生的就业和创业。

3. 区域协调发展提供了广阔的就业空间

一方面随着西部大开发新格局的逐步形成，在中西部地区也会为大学生就业创业提供更多的政策和机遇，可以实现人才的有效流动和平衡；另一方面，随着以城市群、都市圈为依托构建大、中、小城市协调发展格局，以县城为重要载体的城镇化建设正在不断推进，更多的中小型城市、小微型企业将蓬勃发展，为大学生就业提供更广阔的空间。

案例延展

毕业生求职面对薪资差距，怎么看、怎么办①

"互联网大厂" 2 万元月薪"践踏学历"？高职毕业工资还不如农民工？ 2023 年 1 月，北京某院校一名硕士生发布的一则"吐槽帖"引发热议。无独有偶，据日前广东省发布的 2022 高职教育质量年度报告相关数据，广东高职院校毕业生平均月收入 3869.21 元，比此前国家统计局公布的去年农民工月均收入 4615 元还低 700 多元。

2023 届高校毕业生总规模预计达 1158 万人，总量再创新高，就业压力只增不减。秋招已然落幕，春招即将启动，"薪资高低、待遇多少"成为不少高校毕业生议论乃至权衡、纠结的话题。高质量就业，"高薪资"是唯一必备因素吗？面对目标岗位薪资难以达到预期的"心理落差"，毕业生应如何调整心态？记者进行了采访。

秋招平均薪酬同比提高，离预期仍有差距

"虽然不便公布我校 2022 年度毕业生具体的平均薪资，但肯定高于 3869.21 元。"说起今年毕业生就业形势，"求稳求优"成为南京交通职业技术学院招生就业处副处长张毓秋口中的关键词。"目前，学校 2023 届毕业生中五成有'专转本'意愿，超四成希望到体制内或者国有企业就业。"张毓秋坦言，虽然学校毕业生月收入在江苏同类院校中居于前列，但就业薪酬预期和实际

---

① 案例来源：节选自《光明日报》2023 年 2 月 21 日 14 版《毕业生求职面对薪资差距，怎么看、怎么办》，有删改。

薪酬之间还是有一些差距。

刚刚过去的秋招，毕业生收到的 offer 承诺的薪资如何？据某招聘网站公布的 2022 年度就业数据来看，2022 年整体秋招应届生招聘平均年薪比上年同期略有上涨。从各大行业的秋招应届生招聘薪资来看，电子/通信/半导体、IT/互联网/游戏、汽车位居前三，同比涨幅为 17.15%、8.44%、12.84%。

"关于薪资，我觉得如果在北上广工作，我希望能够比二、三线城市高一些。"天津大学 2022 届博士毕业生叶展鹏这样谈到自己求职的预期薪资，"当然还要看具体的工作，比如外企可能会高一些，有些体制内工作会稍低一些。要是在二、三线城市，只要具备相应学历条件，拿到的薪资应该也不会很低，在当地应能有一个很好的生活。"

"至于薪资符合不符合预期，我想也和家庭条件有关。"叶展鹏分析，"近几年毕业生求职都考虑得比较实际，有的同学家里条件比较好，可以资助买房，那他可能追求一个比较稳定的工作就可以。但如果家里经济条件不太好，对薪资可能就会特别看重。月薪 2 万元要在一线城市买房还是很困难的，但如果在二、三线城市，这是很不错的。"

"学生对薪酬的充分预期，体现的是对美好生活的向往。"张毓秋分析，"而现实往往与此存在差距，这比较普遍，并非某个学校或高职院校特有的现象。"

高质量就业，高薪资并非唯一必备因素

在求职时，叶展鹏也曾收到东部城市高薪的职位邀请，但最终还是选择了西南地区某科研院所工作。"薪资相当于用人单位对劳动的回报，但如果要实现高质量就业，就要想好什么工作最适合自己，在这条路上怎么发展。"叶展鹏表示，"我觉得我在科研过程中有一些自己的想法，遇到问题该怎么解决，我会不断思考，沿着思考的方向去解决问题或实现突破，所以我最终选择了继续走科研道路。"

"毫无疑问，薪资并不是衡量就业质量的唯一条件。相对于薪资，我个人更看重工作本身是不是有意义，我喜不喜欢、能否胜任？这些涉及兴趣、能力、价值观与工作的契合度。"北京理工大学就业指导中心主任林骥佳表示，"找工作时纠结于薪资是正常的，但不要只纠结在眼前的薪资上，因为它是动态变化的。'风物长宜放眼量'，应该更关注长远的发展，关注个人能力的发挥，关注我们能为社会做什么，而不仅仅是'能赚多少钱'。"

北京师范大学教授、博士生导师王建民认为，就业的"高质量"，包括求职人数与职位需求数量相协调、就业人员的岗位胜任力匹配度较高、个人对福利待遇的满意度与用人单位的人工成本在合理区间等因素。"对求职者而言，最重要的是考虑自己能够为用人单位贡献什么、贡献多少。有贡献，贡献大，一般而言会获得高薪资。脱离贡献一味追求高薪，既不现实，也不可能，势必会失去为社会创造价值和实现自我价值的机会。学有所用，用有所学，所学知识、技能和能力在经济社会活动中发挥生产要素的作用，创造出社会价值，进而实现个人的价值，这才是真正的高质量就业。"

"高薪资的工作，意味着付出的劳动是高强度的，一方面对求职者的能力要求很高；另一方面工作的内容量也会很大。如果内心是能接受的，'我能吃得了这份苦'，或者说'我愿意下功夫'，那就没问题。但如果只是想在事业上有突破，但又必须照顾家里的其他情况，这时候就要考虑一下自己能不能接受这个工作。"叶展鹏坦言。

面对薪资差异，毕业生应先修好"内功"

"高薪"究竟给了谁？据某招聘网站数据，从秋招高薪段应届生职位分布最多的行业来看，电子/半导体/集成电路具有压倒性优势。年薪 20 万至 30 万元、30 万至 40 万元、40 万至 50 万元应届生职位在该行业占比分别是 25.46%、28.19%、27.02%。50 万元年薪以上的应届生职位占比排名第一的行业是通信设备，占比为 20.97%；位居第二的是电子/半导体/集成电路，占比为 16.77%。此外，计算机软件、互联网、整车制造、人工智能在各高薪段占比也较高。

"在就业市场，行业有冷有热是永恒的现象。最近几年，正如调查数据显示，电子、半导体、集成电路、计算机软件、互联网、人工智能等行业正'火'，岗位需求大，薪资待遇高，这是事实。但这不代表这些行业永远处于'潮头'，时代大潮滚滚向前，这些行业也可能被新兴行业替代，那些暂时冷门的行业也有机会'异军突起'。"林骥佳分析，"所以无论专业对口行业是冷还是热，我觉得应对策略都一样，热门行业对应专业的毕业生同样也要增加自身就业筹码。除了打牢专业基础，也要培养通用能力，尤其是组织、沟通、领导等可迁移能力，同时还要培养良好的心态以及抗压能力，这样才能适应未来行业和岗位的变化。对于毕业生来说，心态调整很重要。要牢记'初心'，不被潮流所裹挟，不盲目追求薪资待遇，克服浮躁心态，朝着既定的职业发展目标持续努力。"

王建民建议，高校学生在校学习期间，一定要考虑清楚自己计划从事的专业领域和职业发展目标，以此激励自己，保持学习的动力和效率。在职业选择和学习中，要讲究差异性和竞争性，持续强化自己的比较优势，进而打造自己的核心竞争力，"瞄准职业市场目标，制定自己的学习和职业选择计划并持续奋斗，一定能够在职业市场竞争中实现自我目标。"

▶ 第二节 促进大学生就业的有关政策及应用

就业是最大的民生工程、民心工程、根基工程，大学生作为国家宝贵的人力资源，其顺利就业关乎民生福祉、经济发展和国家未来。因此，党的十八大以来，党和国家始终把高校毕业生等青年群体就业工作作为重中之重，打出了促进高校毕业生就业创业的政策"组合拳"。

一、企业吸纳有激励

企业是高校毕业生就业的主渠道，中小微企业是高校毕业生就业的主阵地，更是新建地方本科高校毕业生就业的主战场。新冠疫情发生以后，高校毕业生就业面临巨大挑战，拓宽毕业生就业渠道是缓解就业压力的关键环节。中小微企业有着灵活的组织机构、快速的决策和执行能力、创新创业的氛围和市场机会。这些特点为高校毕业生提供了广阔的就业平台，既能使其展现自身的专业能力，也能使其发挥自身的创新和实干能力。在中小微企业就业，高校毕业生可以快速接触市场，了解企业的运作流程和市场需求，提升自身综合素质和实践能力。与此同时，中小微企业也需要人才的支持和创新驱动，高校毕业生可以在这些企业中发挥自己的专业优势，为企业提供高端的技术和管理支持，与企业共同成长。总之，中小微企业是高校毕业生就业的重要选择，高校毕业生通过创新创业以及与中小微企业共同成长，为个人的职业发展和企业的成长贡献力量。

国家针对中小微企业和高校毕业生到中小微企业就业有以下激励政策。

（1）小微企业（含社会组织）招用离校 2 年内的未就业高校毕业生，可申请享受社会保险补贴。

（2）企业招用登记失业半年以上的高校毕业生，可予以定额依次扣减增值税、城市维护建设税、教育费附加、地方教育附加和企业所得税优惠。

（3）小微企业当年新招用高校毕业生等符合条件人员人数达到一定比例的，可申请最高不超过 300 万元的创业担保贷款，由财政给予部分贴息。

（4）高校毕业生到中小微企业就业的，在职称评定、项目申请、荣誉申报时享受与国有企事业单位同类人员同等待遇。

二、基层就业天地广

基层就业是高校毕业生施展才华、成长成才的重要渠道，也是全面推进乡村振兴的重要助力，更是新建地方本科高校毕业生职业发展的主赛道。2021 年以来，人力资源和社会保障部等政府部门启动实施第四轮高校毕业生"三支一扶"计划，越来越多的高校毕业生投身基层，极大满足了乡村振兴的人才需要。各地各部门着力健全培养使用体系，为支扶人员干事创业、成长成才搭建良好平台。基层发展离不开人才支撑。如何让更多人才尤其是年轻人投身基层建设、投身乡村振兴的大舞台，是基层发展的重要命题。针对基层就业，国家主导并实施了以下一系列就业政策。

（一）"三支一扶"计划

"三支一扶"计划即公开招募高校毕业生到基层从事支教、支农、支医和帮扶乡村振兴等相关岗位工作，享受一定的工作生活补贴和一次性安家费，按规定参加基本养老、基本医疗、工伤保险，享有公务员考录、事业单位公开招聘等政策。期满考核合格的"三支一扶"人员，3 年内参加全国硕士研究生招生考试的，初试总分加 10 分，同等条件下优先录取。"三支一扶"计划前无工作经历的人员期满且考核合格的，两年内再参加机关和企事业单位考录（招聘）、自主创业、落户、升学等方面可同等享受应届毕业生相关政策。

（二）农村教师特岗计划

农村教师特岗计划是指对于安排在乡镇以下农村学校任教的具有相应的教师资格条件、年龄不超过 30 周岁的普通高校本科及以上学历毕业生（包括适量招聘的普通高校师范教育类专科生），3 年服务期满且愿意留任，经教育主管部门考核合格的，按规定程序直接办理聘用手续，确保全部入编入岗，留任并按要求入编入岗的特岗教师应在当地继续服务至少 3 年。参加特岗计划服务期满且考核合格的，自服务期满起 3 年内参加全国硕士研究生招生考试，初试总分加 10 分，同等条件下优先录取。

(三)大学生志愿服务西部计划

大学生志愿服务西部计划是指普通高等学校应届毕业生或在读研究生，到西部基层开展志愿服务，实施乡村教育、服务乡村建设、健康乡村、基层青年工作、乡村社会治理、服务新疆、服务西藏等 7 个专项服务。服务期为 1 至 3 年，服务协议一年一签。服务期内可享受一定的工作生活补贴；服务 2 年以上，在服务期满后 3 年内报考硕士研究生，初试总分加 10 分，同等条件下优先录取；服务期满且考核合格后 2 年内，在参加机关事业单位考录(招聘)、各类企业吸纳就业、自主创业、落户、升学等方面可同等享受应届高校毕业生的相关政策。按规定符合相应条件的，可享受相应的学费补偿和助学贷款偿还政策(详情请关注西部计划官网 http：//xibu.youth.cn)。

(四)县及县以下医疗卫生机构定向招聘

此类定向招聘是指县及县以下医疗卫生机构面向社会定向招聘获得国家教育行政主管部门承认的医学类专业本科及以上学历、学士及以上学位的应届毕业生及往届未就业毕业生，对脱贫地区和艰苦边远地区的乡镇卫生院(不含社区卫生服务中心)可放宽至大专学历。放宽到大专学历的，临床医学专业须具有执业(助理)医师资格证书。定向招聘人员纳入事业单位编制内管理，须按照合同要求，在县及县以下医疗卫生机构最低服务期限为 5 年(不含住院医师规范化培训)。试用期满考核合格，一次性补助安家费 3 万元，按有关政策规定优先享受保障性住房等政策。

(五)鼓励到社区就业创业

高校毕业生在社区服务类企业(社会组织)就业、参加见习，或投身城乡社区服务领域创业的，按规定落实就业创业扶持政策。社区工作者队伍出现空缺岗位要优先招用或拿出一定数量岗位专门招用高校毕业生。

(六)应征入伍服义务兵役

普通高等学校年满 18 至 22 周岁的在校生和不超过 24 周岁的毕业生(研究生毕业生及在校生放宽至 26 周岁)，可入伍服义务兵役，除享有优先报名应征、优先体检政考、优先审批定兵、优先安排使用"四个优先"政策，家庭按规定享受军属待遇外，还享受优先选拔使用、学费补偿和国家助学贷款代偿、退役后考学升学优惠、就业服务等政策。有意向参军入伍的大学生可向所在学校学工部(处)、就业中心、资助中心、武装部、征兵工作站或所在县(市、区)人武部咨询有关政策(详情请关注全国征兵网 https：//www. gfbzb. gov. cn)。

三、自主创业有帮扶

创新是引领发展的第一动力，是建设现代化经济体系的战略支撑。高校毕业生富有想象力和激情，是创新创业的有生力量。近年来国家大力推进大众创业、万众创新，为高校毕业生创业创新营造了良好环境。针对大学生自主创业的政策有以下几种。

(1)高校毕业生自主创业可参加创业培训，按规定享受创业培训补贴。可得到资金支持，免收有关行政事业性收费，享受税收优惠政策，可申请获得一次性创业补贴，可申请获得最高 20 万元的创业担保贷款，由财政给予部分贴息，合伙创业的还可适当提高贷款额度。

(2)可在公共创业服务机构享受创业服务，获得咨询辅导、政策落实、融资服务等服务，政府投资开发的孵化基地等创业载体还会安排一定比例场地，免费向高校毕业生提供。

四、能力提升有培训

职业培训是增强高校毕业生就业创业能力的重要途径。

相关的国家政策有：①高校毕业生可根据自身情况参加就业技能培训、企业新型学徒制培训、岗前培训、技能研修、创业培训等，提升职业技能，并按规定享受职业培训补贴。②培训后通过初次职业技能鉴定并取得职业资格证书的，还可享受职业技能鉴定补贴。

五、实践锻炼有见习

就业见习是帮助青年人积累实践经验、增强就业能力的重要手段。相关的国家政策有以下两种。

(1)国家实施青年见习计划，离校 2 年内未就业高校毕业生、16～24 岁失业青年可参加 3～12 个月的就业见习，进行岗位实践锻炼，其间由见习单位给予基本生活费，办理人身意外伤害保险。

(2)吸纳大学毕业生见习的单位,可享受就业见习补贴,用于见习单位支付见习人员见习期间基本生活费、为见习人员办理人身意外伤害保险,以及对见习人员的指导管理费用。

六、就业服务广覆盖

县级以上人民政府设立公共就业服务机构,为高校毕业生等各类劳动者免费提供基本公共就业服务。

(1)高校毕业生可前往公共就业人才服务机构进行求职登记和失业登记,提出就业需求,获得岗位信息、职业指导、职业培训、就业见习等就业服务,咨询和申办就业补贴政策。

(2)困难毕业生可在毕业学年申请享受一次性求职创业补贴,还可获得就业援助服务,对通过市场渠道确实难以就业的困难毕业生,可通过公益性岗位兜底安置。

(3)人力资源社会保障部门还会举办城市联合招聘、金秋招聘月、全国人力资源市场高校毕业生就业服务周等专项活动,有求职需求的高校毕业生可关注参与,获取招聘岗位信息。

(4)高校毕业生可登录人力资源社会保障部官网就业手续及时办(http://www.mohrss.gov.cn)及各地人力资源社会保障部门官网查询政策服务信息和办事指南,或拨打12333电话咨询。查询招聘信息,可登录高校毕业生就业服务平台(http://job.mohrss.gov.cn/202008gx/index.jhtml),中国公共招聘网(https://job.mohrss.gov.cn),中国国家人才网(https://www.newjobs.com.cn),就业在线(https://www.jobonline.cn)或各地公共招聘网站。

(5)未就业高校毕业生可通过上述平台网站,或通过微信、支付宝等App扫描二维码(附后)登录求职登记小程序,获取公共就业服务帮助。未就业高校毕业生还可在人力资源社会保障政务服务平台(https://www.12333.gov.cn),在线办理失业登记。

七、就业手续及时办

高校毕业生离校时,已经落实工作单位的,需要尽快与用人单位签订劳动合同,跟进社会保险缴纳情况,应在规定时间内办理户口迁移、党团组织关系接转等手续，并记得查询档案转递去向。办理就业手续有以下几点需注意。

（1）如果更换工作，需要及时做好社会保险转移接续，避免断保。

（2）如果离校时没有落实工作，可根据本人意愿，将户口、档案在学校保留2年或转入原户籍地，以应届毕业生身份参加用人单位考试、录用，落实工作单位后参照应届毕业生办理相关手续。

需要注意的是，高校毕业生档案不能交由个人保管、自带转递，需要由高校按规定寄往工作单位，或寄往就业地、户籍地流动人员人事档案管理服务机构。

八、求职陷阱需防范

高校毕业生在求职中要擦亮眼睛，提高警惕，注意防范虚假招聘、乱收费、扣证件、培训贷等求职陷阱。有以下几点需注意。

（1）求职时，可到当地公共就业人才服务机构，或诚信规范的经营性人力资源服务机构求职。找到意向工作信息后，要和有一定社会阅历的亲友沟通情况，冷静听取他们的意见、学习相关领域工作经验。

（2）接到招聘邀约后，及时上网核实相关信息，特别是要到市场监管部门的官方网站查询该用人单位注册或者备案情况，若查不到相关信息就说明该单位可能不存在。

（3）如遇到求职陷阱的情况，请立即向人力资源社会保障部门投诉举报。

（4）如人身安全受到威胁，请立即向公安部门报警。

课堂拓展

面向高校毕业生的就业创业政策

职业培训补贴

补贴对象：脱贫家庭子女、毕业年度高校毕业生、城乡未继续升学的应届初高中毕业生、农村转移劳动者、城镇登记失业人员参加就业技能培训和创业培训，培训后取得职业资格证书的（或职业技能等级证书、专项职业能力证书、培训合格证书）。

补贴标准：由省级人力资源社会保障部门、财政部门根据培训、成本、培训时长、市场需求和取得相关证书情况等确定。

申领流程：上述人员向当地人力资源社会保障部门提供以下材料，如基本身份类证明原件或复印件、培训机构开具的税务发票（或行政事业性收费票据，下同）等。

人力资源社会保障部门审核后，对个人申请的培训补贴或生活费补贴资金，按规定支付到申请者本人社会保障卡银行账户（或其他银行账户，由申请者自主选择，下同）或个人信用账户。

受理机构：当地人力资源社会保障部门。

政策依据：《国务院关于做好当前和今后一个时期促进就业工作的若干意见》（国发〔2018〕39 号）；

《人力资源社会保障部办公厅 财政部办公厅关于发布就业补贴类政策清单及首批地方线上申领平台的通知》（人社厅发〔2020〕44 号）；

《财政部、人力资源社会保障部关于印发〈就业补助资金管理办法〉的通知》（财社〔2017〕164 号）；

《人力资源社会保障部、财政部关于进一步精简证明材料和优化申办程序充分便利就业补贴政策享受的通知》（人社部发〔2019〕94 号）。

职业技能鉴定补贴

补贴对象：通过初次职业技能鉴定并取得职业资格证书（不含培训合格证）的脱贫家庭子女、毕业年度高校毕业生、城乡未继续升学的应届初高中毕业生、农村转移劳动者、城镇登记失业人员。

补贴标准：由省级人力资源社会保障、财政部门确定。对纳入重点产业职业资格和职业技能等级评定指导目录的，可适当提高补贴标准。

申领流程：上述人员向当地人力资源社会保障部门提供以下材料，如基本身份类证明原件或复印件、职业技能鉴定机构开具的税务发票（或行政事业性收费票据）等。

人力资源社会保障部门审核后，将补贴资金支付到申请者本人社会保障卡银行账户。

受理机构：当地人力资源社会保障部门。

政策依据：《人力资源社会保障部办公厅 财政部办公厅关于发布就业补贴类政策清单及首批地方线上申领平台的通知》（人社厅发〔2020〕44 号）；

《财政部、人力资源社会保障部关于印发〈就业补助资金管理办法〉的通知》（财社〔2017〕164 号）；

《人力资源社会保障部、财政部关于进一步精简证明材料和优化申办程序充分便利就业补贴政策享受的通知》(人社部发〔2019〕94号)。

社会保险补贴

补贴对象：灵活就业的离校2年内未就业高校毕业生。

补贴标准：按灵活就业后缴纳的社会保险费，给予一定数额的社会保险补贴，原则上不超过其实际缴费的2/3。高校毕业生社保补贴期限最长不超过2年。

申领流程：向当地人力资源社会保障部门提供基本身份类证明原件或复印件、灵活就业证明材料等。

人力资源社会保障部门审核后，将补贴资金支付到单位银行账户或申请者本人社会保障卡银行账户。

受理机构：当地人力资源社会保障部门。

政策依据：《国务院关于进一步做好稳就业工作的通知》(国发〔2019〕28号)；

《国务院办公厅关于应对新冠肺炎疫情影响强化稳就业举措的实施意见》(国办发〔2020〕6号)；

《人力资源社会保障部办公厅 财政部办公厅关于发布就业补贴类政策清单及首批地方线上申领平台的通知》(人社厅发〔2020〕44号)；

《财政部、人力资源社会保障部关于印发〈就业补助资金管理办法〉的通知》(财社〔2017〕164号)；

《人力资源社会保障部、教育部、公安部、财政部、中国人民银行关于做好当前形势下高校毕业生就业创业工作的通知》(人社部发〔2019〕72号)；

《人力资源社会保障部、财政部关于进一步精简证明材料和优化申办程序充分便利就业补贴政策享受的通知》(人社部发〔2019〕94号)。

一次性求职创业补贴

补贴对象：毕业学年有就业创业意愿并积极求职创业的低保家庭、贫困残疾人家庭、脱贫家庭和特困人员中的高校毕业生和中等职业学校(含技工院校)毕业生，残疾及获得国家助学贷款的高校毕业生和中等职业学校(含技工院校)毕业生。

补贴标准：由省级人力资源社会保障、财政部门确定。

申领流程：符合条件的毕业生所在学校申请求职创业补贴，应向当地人力资源社会保障部门提供毕业生获得国家助学贷款(或享受低保、身有残疾、脱贫家庭、贫困残疾人家庭、特困救助供养)证明材料、学籍证明复印件等。申请材料须经毕业生所在学校初审和公示。

当地人力资源社会保障部门审核后,将补贴资金支付到毕业生本人社会保障卡银行账户。

受理机构:当地人力资源社会保障部门。

政策依据:《国务院关于进一步做好稳就业工作的通知》(国发〔2019〕28 号);

《国务院办公厅关于应对新冠肺炎疫情影响强化稳就业举措的实施意见》(国办发〔2020〕6 号);

《人力资源社会保障部办公厅 财政部办公厅关于发布就业补贴类政策清单及首批地方线上申领平台的通知》(人社厅发〔2020〕44 号);

《财政部、人力资源社会保障部关于印发〈就业补助资金管理办法〉的通知》(财社〔2017〕164 号);

《人力资源社会保障部、教育部、公安部、财政部、中国人民银行关于做好当前形势下高校毕业生就业创业工作的通知》(人社部发〔2019〕72 号);

《人力资源社会保障部、财政部关于进一步精简证明材料和优化申办程序充分便利就业补贴政策享受的通知》(人社部发〔2019〕94 号)。

一次性创业补贴

补贴对象:首次创办小微企业或从事个体经营,且所创办企业或个体工商户自工商登记注册之日起正常运营 1 年以上的离校 2 年内高校毕业生、就业困难人员、返乡入乡创业人员。

补贴标准:由省级人力资源社会保障、财政部门确定。

申领流程:由省级人力资源社会保障、财政部门确定。

受理机构:当地人力资源社会保障部门。

政策依据:《国务院关于进一步做好稳就业工作的通知》(国发〔2019〕28 号);

《财政部、人力资源社会保障部关于印发〈就业补助资金管理办法〉的通知》(财社〔2017〕164 号);

《人力资源社会保障部办公厅 财政部办公厅关于发布就业补贴类政策清单及首批地方线上申领平台的通知》(人社厅发〔2020〕44 号)。

第三章 就业准备

▶ 第一节　思想关
——你准备好就业了吗?

凡事预则立,不预则废。就业对于每一个毕业生来说都是需要认真思考的人生大事。多作准备,就多份希望,机会总是留给有准备的人,不要把一切问题留到毕业时才去考虑,更不要让迷茫、不知所措成为自己就业路上的绊脚石。

良好的心态是帮助毕业生顺利找到工作的关键。通过学习本节内容,希望大家能够客观认识就业环境、作好求职思想准备、以积极的心态求职择业。

一、我们面临的是什么样的就业市场?

自 21 世纪初以来,我国大学生就业形势持续严峻。就业难度开启"地狱模式""没有最难,只有更难"。数据显示,2022 年我国高校毕业生首次突破千万大关,达到 1076 万人,同比 2021 年增长 167 万人,毕业人数再创新高。2023 年,我国高校毕业生持续增长将达到 1158 万人。对高校毕业生而言,面临的将是竞争逐年加剧、形势更加严峻的就业市场。

此外普通本科高校毕业生的就业困境更加明显。根据智联招聘《2022 年大学生就业力调研报告》显示,"双一流"院校、普通本科院校、专科院校毕业生获得 offer 的比例分别为 61.8%、42.8%、48%,而签约率分别为 32.9%、12.5%、13.3%,如图 3-1 所示。在调研样本中,从专业设置看,普通本科院校的经管类专业比例高。普通本科院校的经管类毕业生占 24%,高于"双一流"院校的 13% 和专科院校的 17%。而 2022 年经管类专业签约率仅 10.5%，在所有专业中排名靠后，这也是造成普通本科院校毕业生整体签约率较低的原因之一。

由此可以看出，"双一流"院校毕业生在就业市场中优势明显，而专科院校签约率同样高于普通本科院校。这既说明"双一流"院校在人才培养方面具有优势，又从一定程度上反映出普通本科院校毕业生存在就业期望过高、就业观念滞后等不足。特别是受功利主义、实用主义思潮的冲击，不少毕业生在选择工作岗位时，只重眼前利益，不作长远规划，过多考虑待遇问题，缺乏艰苦创业的精神。还有部分同学自我认知存在偏差，不能全面、客观、正确地认识自我，盲目乐观，过高地评估自己的能力，暴露出了过于理想化的求职心态。

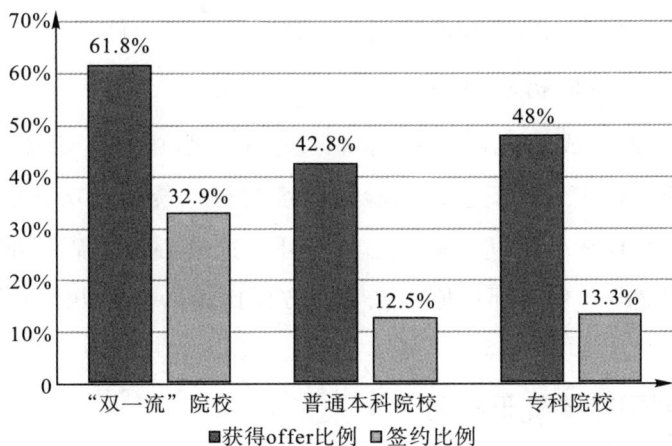

图 3-1 2022 年不同院校毕业生获得 offer 比例与签约比例示意图

二、我们该如何作好思想准备?

(一)选择适当的就业目标

大学毕业生就业目标定位不准，往往会走不少冤枉路，甚至会出现南辕北辙的现象，但只要认识到这些不足，就可以快速调整过来。所谓亡羊补牢，犹未晚矣。要是没有目标，又如何调整方向呢?满天撒网或许没错，但"准确定位"更为重要。这对于那些"目标散乱"的大学毕业生无疑是一剂良药。大学毕业生在确定自己的职业目标之前不妨先问问自己:

(1)我为什么要工作?

(2)什么样的工作才是好工作?

（3）我适合什么样的工作？

（二）树立信心：敢于竞争、善于竞争

作为新建地方本科高校毕业生往往自信不足，容易因为学校"出身"妄自菲薄，这对求职十分不利。还有同学对别人的评价非常敏感，自尊心很容易受到伤害，尤其是面对有竞争性的活动，怕受到挫折被嘲笑而往往采取"退避三舍"的态度。而求职并非一般性的竞争活动，如果在有限的机会面前畏缩退让、精神不振，只会将本该属于自己的工作拱手让人。

事实上，我国90％以上的大学生都是非名校大学生，但却是中国经济的基石，他们在各行各业用自己的勤劳和奋斗，谱写出了一个又一个新的篇章。因此，大学毕业生应树立"天生我材必有用"的远大理想，将个人理想与国家的伟大事业紧密相连，勇于睁眼看世界，并勇于追梦、圆梦。

（三）正确对待挫折和失败

正所谓"失败是成功之母"，在求职过程中大学毕业生难免会遇到挫折，面对这些挫折，有些人善于总结经验，继续前行，最终成功就业；而有些人却被困难压垮，越来越自卑，陷入恶性循环。这种心理妨碍了部分毕业生参与正常的就业竞争，使得那些原本在某些方面比较出色的毕业生陷入"不战自败"的境地。

（四）遇到困惑要善于求助

在求职遇到困惑时，很多同学生害怕他人耻笑或鄙视，因而不去寻求外力的帮助，而是选择了遇到所有问题都"自己扛"，这往往导致心理问题积聚成疾。这些心理疾患总有一天会爆发出来，一旦爆发就极有可能导致严重的后果。因此，在困难和问题相对集中的求职过程中，大学毕业生要时刻关注自身的心理健康，要主动寻求老师、同学的帮助，多参加有益身心的各类活动，提高自身的心理素质。

三、我们该找一份什么样的工作？

"找工作"和"找对象"有着很多相似之处。关于找对象，网上有一句很热门的话：始于颜值，敬于才华，久于善良，终于人品。找工作也同样适用：始于卷面、赏于才华、久于特质、终于愿景。不管是找工作还是找对象，选择都非常重要，选择不对，努力白费，选择对了，事半功倍。每个大学生在

进入社会以后，都渴望自己能够从容地解决就业问题，那么对即将毕业的大学生来说，什么是好工作？他们适合什么样的工作？这是求职前必须认真思考的问题。

(一)什么是好工作?

很多毕业生在选择工作时总是期望"起点高、薪水高、职位高；名声好一点、牌子响一点、效益高一点、离家近一点、工作轻一点、管理松一点"，这样"三高六点"式的工作是许多大学生心目中最理想的岗位。但请大家换位思考一下：这样的工作会选择我们吗？事实上，好工作是一个相对概念，不同人对"好"的定义各不相同。一般来说，好工作应该包括以下几个方面。

1. 薪资待遇优厚

工资待遇是人们工作中最关心的问题之一，因此一个好工作应该能够提供较高水平的薪资待遇。

2. 成长空间广阔

一个好的工作应该能够让求职者有更多的成长空间，同时能够提供各种培训、学习机会以及晋升机会。

3. 工作环境优美

一个好的工作需要提供舒适的工作环境，让员工能够更加专注地完成工作任务。

4. 职业发展稳定

一个好的工作应该能够提供稳定的职业发展，让员工有一个稳定的职业生涯规划。

5. 工作内容有意义

一个好的工作应该让人们感到工作内容是有意义的，能够让员工对工作充满热情。

不同学历毕业生在选择工作时考虑因素见表 3-1 所示。

表 3-1　不同学历毕业生求职时的考虑因素

排名	专科	本科	硕士	博士
Top1	薪酬福利	薪酬福利	薪酬福利	薪酬福利
Top2	工作地点	企业发展前景	企业发展前景	工作氛围
Top3	企业发展前景	工作地点	工作地点	企业人才培养与发展

排名	专科	本科	硕士	博士
Top4	工作氛围	工作氛围	工作氛围	企业发展前景
Top5	企业人才培养与发展	企业人才培养与发展	企业人才培养与发展	工作地点
Top6	企业管理制度	企业管理制度	企业行业地位	企业行业地位
Top7	企业社会责任	企业行业地位	企业管理制度	企业管理制度
Top8	企业行业地位	企业社会责任	企业社会责任	企业社会责任

(二)你适合什么样的工作?

每个人的兴趣爱好、专业能力、性格特点都不同,因此适合的工作也会因人而异。大学毕业生在求职时应考虑以下几个因素。

1. 个人职业兴趣

对于大学毕业生来说,兴趣是其选择职业最重要的因素之一。如果一个人对某种工作领域或者职业非常感兴趣,那么他或她更容易在该领域或职业中发挥出自己的优势。

2. 专业背景和技能

一个人的专业背景和技能决定了他或她在特定领域中所拥有的潜力和能力。如果大学毕业生的专业背景和技能与某个职位或行业高度匹配,那么这个职位或行业就是适合他或她的。

3. 个人性格特点

每个人的个性和性格特点也会影响他或她在某个行业或职业中的表现。比如,一个外向、善于沟通的人更适合与人打交道的工作,而一个内向、细心的人更适合做数据分析等需要进行深度思考的工作。因此,大学毕业生在求职时应关注自身的性格特点。

4. 职业发展前景

职位或行业的职业发展前景也是大学毕业生在选择工作时需要考虑的因素之一。选择一个职业发展前景好的领域,可以为个人的职业生涯发展提供更好的机遇和平台。

综合以上因素,大学毕业生选择一个适合自己的工作需要认真思考和探索,同时也需要适当地咨询和寻求一些专业意见和帮助。

四、我们应该如何确定求职目标？

确定客观、科学、有激励、可实现的求职目标对于大学毕业生实现顺利就业尤为重要。因此，在确定求职目标时要遵循以下四个原则。

(一)能级能质对应原则

大学毕业生应该根据自身纵向层面的能力水平和横向层面的职业兴趣，选择与自己能力水平和职业兴趣相匹配的工作岗位。

能级是指一个人所具备的专业技能、知识水平、工作经验以及职业素养等方面的不同级别能力水平。纵向能级对应指的是在一个职业领域内，有低级到高级的职业梯度和阶段，求职者根据自己的能力和经验以及职业规划，有序地进行职业升迁和发展的过程。通常来说，一个职业领域中的职业梯度可以分为多个阶段，每个阶段需要具备不同的能力和经验水平，这样才有资格进入到下一个职业阶段。以 IT 行业中的软件工程师为例，常见的纵向能级对应关系如表 3-2 所示。可以设想，如果一个毫无工作经验的应届毕业生将自己的求职目标定位为技术经理或技术总监，显然就违背了能级对应原则，在求职中过程中必然会屡次遭受失败的打击，进而失去求职的信心和愿望。

表 3-2　IT 行业纵向能级对应关系表

岗位类别	所需能级
初级软件工程师	需要掌握基本的编程语言和技术，能够编写简单的应用程序
中级软件工程师	需要具备扎实的编程技能，能够解决一些较为复杂的编程问题，还需要具备一定的项目管理和团队协作能力
高级软件工程师	需要具有深入的技术理解和经验，能够针对大规模或复杂的系统架构进行设计和相关的技术选型，同时还需要具备团队管理和项目管理等方面的能力
技术经理	需要对整个产品或项目的研发进行技术规划和技术架构设计，同时还需要负责团队的管理和协调工作
技术总监	需要具备宏观的技术和业务视野，负责整个技术团队的顶层设计和管理，向高层管理层负责

能质则指一个人在性格、兴趣、志向方面的天赋和特点。横向能质对应人们求职时需要综合考虑自己的个性、兴趣、生活态度等因素，从而帮助人

们选择一个符合自己能质特点的岗位。因为每个人具备的能力和兴趣都不相同，因此不同的人在不同的职业领域中才有机会实现自己的职业理想。如果一个人的职业兴趣与工作的要求不匹配，那么他或她在这个工作中就会感到迷失和不适应，对于其职业发展来说，也不利于其实现自己的发展目标。如果一个人的职业兴趣与工作要求高度契合，那么他或她在职场中将更为舒适自如。即使在工作中遇到困境和挑战时，其所拥有的优势和特长也能够使其更为容易地解决问题，以帮助他或她在职业生涯上获得更大的成就和进步。

随着职业生涯和就业指导有关理论的发展，目前也有诸多科学测评工具帮助同学们准确认识自己的职业兴趣和特长。

(二)优势定位原则

在日益激烈的就业竞争中，大学毕业生应找到自己的比较优势，在求职选择时"择己所长、扬长避短"。刘翔作为职业运动员曾经最早选定的参赛项目不是跨栏而是跳远。13岁时他被一名大学教练看中，开始了人生第一次和跨栏的近距离接触，转入跨栏这一体育项目后展示出了过人天赋，最终创造了奥运会比赛中12秒91的110米跨栏神话。总之，优势定位原则有助于求职者更好地了解自身的优势，进行职业定位和职业规划，找准适合自己的赛道，这样才能"在青春的赛道跑出最好成绩"。

(三)动态调节原则

职业发展是一个动态的过程，大学生应该随着环境和自身的发展变化，对职业目标进行适当调整，不断发掘自己的潜力和能力，从而在职业道路上越走越远。因此，新建地方本科高校的大学毕业生在求职时一定要树立先就业后择业的观念，在岗位中循序渐进式发展和提升。那么，大学毕业生作为求职者应如何调整计划和目标，从而适应职业生涯中的变化呢？

(1)定期评估和反思。求职者应该定期对自己在职场中所取得的成果进行评估、总结和反思。在评估和反思过程中，需要根据自己和职业领域的变化，进行自我调整，修正以前的规划。

(2)持续学习和更新。职业领域中的技术更新和变化非常快，求职者应该始终保持学习和更新的态度，通过不断学习和培训，不断提升自己的技术和能力水平。

(3)收集信息和建立联系。求职者应该积极主动地与职业领域中的他人建立联系，建立自己的职业关系网，收集行业内的信息和发展趋势，以便更好地适应职业生涯中的变化。

总之，大学毕业生求职的目标体系并非一成不变的，而应根据实践反馈信息及时、准确、动态地调整目标，这样才有助于在新时代背景下顺利开启职业篇章。

(四)需要—可能原则

需要—可能原则强调在职业发展中，求职者不仅要考虑个人的职业愿望和目标，还要考虑社会和国家需要，从而将个人职业发展融入国家社会发展之中，实现同频共振、同步向前。在中国人的精神谱系里，个人与国家从来都是密不可分的，个人前途和国家命运从来都是相辅相成、有机统一的。如果个人理想脱离了国家发展，就会迷失方向、偏离航道；如果国家发展离开了个人努力，就会流于空谈、失去根基。"共和国勋章"获得者孙家栋在75岁高龄时毅然接下了首任探月工程总设计师的重担。对于别人的不理解，孙家栋只有一句话："国家需要，我就去做。"事实证明，只有胸怀忧国忧民之心、爱国爱民之情，以一生的真情投入、一辈子的顽强奋斗来践行爱国主义精神，才能成为"最美奋斗者"，才能让个人梦随中国梦一起璀璨、一起光彩。

新建地方本科高校毕业生更应该结合自身实际，到祖国最需要的地方去，重点面向基层就业。基层也是建功立业的舞台，也有吸纳高校毕业生就业的广阔空间，到基层建功立业，让青春之花绽放在祖国最需要的地方。

案例 延展

追忆黄文秀：以秀美人生谱写新时代的青春之歌[①]

2021年2月25日，全国脱贫攻坚总结表彰大会在北京人民大会堂隆重召开。当会上宣读到"黄文秀"的名字时，镜头转向了一位头发斑白的老人——黄文秀的父亲黄忠杰。替女儿戴着大红花的他红了眼眶、悄悄抹泪。

这位正值芳华的壮族姑娘黄文秀，长眠在了广西百色市的百福园公墓。脱贫攻坚战取得了决定性胜利，而她却没有等到这一天。

---

① 案例来源：节选自《人民日报》2022年6月17日版《追忆黄文秀：以秀美人生谱写新时代的青春之歌》。

1989 年出生在广西百色的黄文秀，2016 年研究生毕业后毅然决然放弃了大城市的工作机会，回到家乡，成为百色市委宣传部干部。2018 年 3 月积极响应组织号召，到百色市乐业县新化镇百坭村担任驻村第一书记。

2019 年 6 月 17 日凌晨，电闪雷鸣、暴雨倾盆，从百色市通往乐业县的山路被突如其来的山洪淹没，黄文秀不幸遇难，年仅 30 岁。

她被追授"时代楷模""全国三八红旗手""全国优秀共产党员""最美奋斗者"等称号，获"全国五一劳动奖章""中国青年五四奖章"。2021 年，荣获"全国脱贫攻坚楷模"称号。2021 年 6 月 29 日，党中央决定授予黄文秀"七一勋章"。

曾有村民问过黄文秀："你是大城市的研究生，怎么会想要来这么偏远的农村工作呢?"黄文秀说，"百色是我的家乡，更是全国脱贫攻坚的主战场之一，作为一名党员，我有什么理由不回来呢?"

驻村期间，黄文秀总是在奔波。百坭村村民居住分散，刚来到这里时，为了在最短时间内掌握全村贫困户的详细情况，她收起了漂亮的裙子，穿上了运动服，逐一走访全村贫困户，绘制了"贫困户分布图"。每户的家庭情况、致贫原因等，她都一一标注在笔记本里。

"靠山吃山，靠水吃水。"黄文秀和村"两委"干部一起，带领百坭村村民种植砂糖橘、八角、杉木等，发展特色产业，提高村民收入。经过努力，全村种植砂糖橘面积从 1000 余亩发展到 2000 余亩，八角从 600 余亩发展到 1800 余亩。为打开市场销路，她还多次组织大家学习电商知识，建立了百坭村电商服务站。

驻村一年多，黄文秀带领百坭村 88 户 418 人脱贫，全村贫困发生率从 22.88% 降至 2.71%，村集体经济收入实现增收 6.38 万元。百坭村还获得了 2018 年度百色市"乡风文明"红旗村荣誉称号。

"过去我们靠天吃饭，种养也是小打小闹。文秀书记来后，引进了农业技术，找准了销路，大家的信心足了。"村民班统茂在黄文秀的悉心指导和带领下，不仅成功脱贫，还成了带领群众致富奔小康的"领头雁"。同时，在黄文秀精神的感召下，班统茂也递交了入党申请书。"我也想像文秀书记一样，为村里的发展尽自己的力量。"

2019 年 3 月，驻百坭村满一周年时，她的汽车里程表恰好增加 25000 公里。那一天，她写下感言："我心中的长征，驻村一周年愉快。"

黄文秀利用周末时间回家看望刚做完第二次肝癌手术不久的父亲。看着天气突变，并且那段时间百坭村连降暴雨，她惦记村里的防汛抗洪工作，便急着返回百坭村。父亲担心路上危险想挽留她在家待一晚。"正因为有暴雨更得赶回去，怕村里受灾，我马上得走了。"叮嘱了父亲一句"按时吃药"，黄文秀便启程回村。谁也没想到，这竟成了她留给父亲的最后一句话。

一路上，黄文秀不断与村党支部和村委会干部联系，询问当地雨势和灾情，特别叮嘱要关注几个重点村屯，要立即组织群众防灾救灾。回忆起当晚的情况，村党支部书记周昌战几度哽咽："那么危险的情况下，她想着的是村里的灾情……"

黄文秀在入党申请书中写道："只有把个人的追求融入党的理想之中，理想才会更远大。一个人要活得有意义，生存得有价值，就不能光为自己而活，要用自己的力量为国家、为民族、为社会作出贡献。"这份庄严承诺，黄文秀始终践行，直至生命最后一刻。

在百坭村的"干部及驻村工作队去向牌"上，原驻村第一书记黄文秀今日去向情况被标注为"请假"。村委主任班智华解释说："村民与村干部觉得她并没有离开，所以用这种特殊的方式怀念她。"

如今，百坭村里不仅屯屯通上了水泥路，惠及百坭村的高速公路、二级公路也已贯通；新建的村级幼儿园也迎来了入园的孩子们，村民们的生活一年比一年有奔头。更令人欣慰的是，2020 年底，百坭村脱贫摘帽。

"文秀书记"虽然走了，但是她的精神依旧由她的同事们延续着。身为百色市委宣传部干部的杨杰兴、黄旭先后接过黄文秀驻村第一书记的"接力棒"，投身到百坭村的扶贫工作。受到黄文秀精神感召的年轻人还有 90 后干部黄思薇。2021 年 3 月，她成为了百坭村新到任的驻村干部……

"文秀的生命正值芳华却戛然而止，令人无比伤痛。她坚守初心使命，用生命践行了一个共产党员对信仰的无比忠诚，无愧于'时代楷模'的称号。"黄文秀的好友、曾经在广西百色市凌云县上蒙村担任过第一书记的路艳说，"她是我们青年的榜样，将激励我们为党和人民的事业勇于担当作为。"

▶ 第二节 信息关
——你跳出"信息茧房"了吗?

众所周知，求职中面临着激烈的实力竞争，所以大学毕业生在求职前需要做好充分的知识能力准备。此外，求职竞争也包含着信息的竞争。尤其当我们处于信息高速发展的时代，信息不对称的问题依然存在。很多时候大家认为找工作难，很可能是因为大家求职的信息渠道过于单一，导致错失了许多宝贵机会。

一、大学生就业时间脉络

在求职时，大学毕业生一定要掌握好求职的时间脉络，预留好信息筛查和后续求职环节的时间准备。其中，以下 4 个求职黄金阶段一定要把握。

(1)每年的 10 月到 12 月。这个阶段是各大型企业校园招聘会进行的最高峰时期，也是百强企业面向应届毕业生发布岗位需求最密集的阶段。同时选调生、公务员、事业单位招考包括研究生考试报名也陆续启动。同学们在这一时期内可以充分甄别信息并进行简历投递。

(2)次年 1 月到 2 月，大多知名企业基本暂停招聘工作，国家公务员考试、研究生笔试的成绩也将公布。

(3)3 月到 4 月，各省市级的公务员及事业单位人员招聘考试开始组织报名并公布相应时间，少数民营企业单位各类招聘会也将有序进行，以及部分企业的岗位可能出现空缺等情况进行补充招聘。还没有顺利找到工作的同学，要抓住这一阶段积极投递。

(4)4 月到 5 月，"大学生志愿服务西部计划"、"三支一扶"（支教、支农、支医和扶贫）、"选聘高校毕业生到村任职"、"农村义务教育阶段学校教师特设岗位计划"等国家服务基层项目报名考试拉开序幕。

二、全面获取招聘信息

(一)学校就业创业网

每年到高校进行校园招聘和宣讲的企业是大致相同的。在准备求职前，高校毕业生可以登录学校就业创业网，提前看看往年都有哪些企业，什么时候来招聘，招聘的岗位都有哪些，提前做到心中有数。其实各个学校就业创业网站发布的求职的信息也非常多元，除了校内宣讲招聘信息以外，还有校外宣讲会、网络招聘会以及事业单位、公务员、基层项目等招考信息。另外，如果想要了解更多校外的招聘资源，也可以到目标求职城市的知名高校就业网站查询相关信息，可通过"学校名＋就业信息网"在网上搜索。比如，想要在陕西找工作的高校毕业生不妨试着搜索西安交通大学就业信息网或者西北大学就业信息网，这里可能集合了更多大家需要的求职信息。

（二）各大企业的校园招聘网站、公众号、微博

这类网站适合有比较明确的求职目标，且想加入的知名企业的高校毕业生。一般来说，在业界比较有名的公司，都会有自己的求职网站，甚至是专门的校园招聘渠道。在专属的招聘网页上除了人才招聘，有些还会有企业文化、企业发展、人才发展计划、薪酬福利等内容的介绍，能够让人们更多地了解这个企业。大家可以用"公司名称＋校园招聘"的方式进行搜索，比如腾讯校园招聘、网易校园招聘等。

（三）朋友、老师等的介绍

这种信息来源渠道是较为高效的一种，也许能够将简历直接投递给 HR 或部门负责人。在校招中省掉繁琐的网申、网测等环节，大大提高高校毕业生成功求职的概率。在现实中，有许多好的就业机会并不是通过在网上发布招聘信息、笔试、面试的程序进行，而是通过内部转岗、内部招聘、熟人介绍或者同行推荐方式进行。这其中最重要的介质在于人脉。所以，大学生在校期间应注意积累人脉资源。同时应努力提升自己的道德修养水平，成为一个尊敬师长、团结同学、关心他人的人。也许老师、同学、校友等就是你顺利就业的关键。

（四）通过社会实践和毕业实习来获取求职的信息

通常一些知名企业都会有实习生招聘项目，大学生如果能抓住实习实践项目，给用人单位留下深刻印象，离顺利就业就更加向前了一步。所以大学生在大三假期就需要积极关注各类实习生招聘信息，争取提前迈入求职的队列中。

三、擦亮眼睛辨真伪，谨防虚假宣传

现如今是一个信息爆炸的时代，进入任何一个招聘网站都会被满屏的招聘信息占满视线。"找工作难"和"招工难"的现象似乎并存于大学生就业市场。事实上，在众多招聘信息中，真实有效信息可能不到八成，而其余多数的信息发布可能就根本没有招聘的意图。这也许就是为什么大学生普遍反映网上投出去简历较多，但收到回音较少的原因。

有一类招聘广告，公司介绍和产品介绍占很大篇幅，大多还留有业务部门的联系方式，但与之相关的招聘岗位信息却潦草几句带过，并不作详细介绍。这类信息就是典型的无效招聘信息。出现这类无效招聘信息的原因，要么是企业并不想真正招聘人才，只是想通过面试来套取应聘者背后的相关资源，包括智力资源、人脉资源和项目资源等。要么企业发布招聘岗位基本是储备型岗位，主要是为了宣传公司和产品，要么干脆是虚挂岗位，营造出公司求贤若渴的感觉。

除了这些并没有真实招聘意图的信息以外，还有不少职位如果按照岗位真实情况发布招聘信息，可能很难吸引到人才。于是，一些招聘单位就会过度修饰岗位描述，或直接描述成其他岗位。比如说本来想招售后服务，发布的是测试工程师，本来想招销售，发出去的职位是客户经理，本来想招保险代理人，发出去的职位是理财规划师。这样导致挂羊头卖狗肉的信息充斥着整个招聘市场。

因此，面对海量信息大学生要学会擦亮眼睛、精准识别信息。

一看公司资质。首先在工商局企业信用信息公示系统（http：//gsxt.saic.gov.cn/）查询该公司信息。如果查不到公司注册信息那么就要谨慎对待，因为极有可能是非法公司。当然也有可能是新成立公司还未在工商局信用系统进行注册。总之，这种情况需要更加谨慎。其次可以借助类似企查查、天眼查等网站，对目标求职公司进行查验分析。如果企业风险、经营风险都较高的，一定要提高警惕。

二看岗位职责。求职前，大家应对该招聘岗位做初步分析，看看描述的工作内容和岗位是否相符。不靠谱的招聘信息通常会语焉不详，对公司的介绍要么都是高大上的新名词，要么非常简短，看完连这家公司到底做什么业务都一头雾水。这类招聘信息也应谨慎对待。

三看任职资格。大家千万不要被职位的名称所蒙蔽，如果岗位名字很好听但是却提出很低的任职要求，就可能存在对岗位过度包装的问题。

四看薪酬待遇。如果对刚毕业的大学生就能给出明显高于同类岗位的薪酬，或者不符合任职资格的薪酬。同学们一定要多加小心，很可能那不是天上掉下的"馅饼"，而是一个诱惑的陷阱。比如招聘信息写道："8000无责任底薪＋绩效提成，五官端正，无学历经验要求，诚邀你的加入！"这种信息要谨慎对待。

最后提醒大家，虚假招聘信息往往有以下特征。

(1)查不到招聘单位的有效信息，只有手机号码和电子邮箱的单一联系方式。

(2)收取服装费、伙食费、体检费、报名费、办卡费、押金、培训费等费用。

(3)告知无需任何任职要求，可直接面试、上岗。

(4)面试职位明显与实际岗位不符。

(5)期许薪资明显高于同类岗位薪资水平。

(6)扣押或以保管为名索要身份证、毕业证等有效证件。

(7)公司地址含糊不清，面试场所不正规，类似临时租借场地。

(8)非正常工作时段预约面试，或面试地点在很偏远的地方。

当出现以上特征时，同学们一定要谨慎对待，切不可因为求职心切掉入犯罪分子精心设计的陷阱。

案例 延展

最新骗局！警惕"培训贷"①

全国学生资助管理中心 2022 年第 1 号预警：警惕"培训贷"骗局

近日，我们了解到多名大学生遭遇"培训贷"骗局。有培训机构以提供兼职工作为由，诱导学生接受课程培训，并引导学生在网络平台填写不真实信息办理"培训贷"。学生通过贷款缴纳学费后，无法学到有价值的课程和专业技能，更无法获得前期承诺的兼职岗位，却因为退费难而背上了沉重的贷款债务。

请同学们一定要擦亮双眼，提高风险意识，增强辨别能力，认清骗局。不要轻易添加自称"老师"的陌生人微信，不要轻易参加打着兼职赚钱幌子的培训班，更不要轻易在陌生网页及平台上转账汇款、办理贷款。如遇到拿不准的事，一定要三思而后行，并及时与老师、家长沟通。

全国学生资助管理中心

2022 年 4 月 15 日

---

① 案例来源：节选自《潇湘晨报》2022 年 4 月 17 日《最新骗局！警惕"培训贷"》，有删改。

培训贷常见套路

虚假培训机构和P2P网络贷款机构进行合作，冒充招聘公司在招聘网站上发布大量虚假招聘信息，吸引求职者到本公司贷款培训的骗局。很多求职大学生在"高薪待遇""前途光明""无需工作经验"等虚假信息的诱惑下，很难拒绝眼前的"大好工作"。在利益的蒙蔽下，未经详细了解便匆忙地签订"不平等条约"，变成了任人宰割的"绵羊"。在这个过程中，无非是利用了一些高校毕业生的两个弱点：一是涉世未深，二是急于通过就业证明自己。

有些"培训贷"公司为逃避执法部门打击，往往会办理一些门槛要求不高的资质，甚至开连锁培训机构。这些公司真正的盈利点在于办理"培训贷"后小贷公司给予的返点、收取的高额培训费，以及发展加盟商后的利润提成。当吸引一定数量的求职者"入套"后，这些公司就会以经营困难等各种理由"卷款跑路"，以逃避责任。

如何防范培训贷?

(1)谨防消费贷款和消费分期。

若是存在机构提供指定贷款途径的，最好加多个心眼。签订的合同要明确条款内容，就算分期也要明确是否免息，如若收取利息的话又是执行多少的利率等。一定要清楚费用，千万不要不明不白被坑。在与培训机构签订协议与合同时，应仔细阅读核对相关内容，对于不利的条款应及时提出，商议或修改后再签订。

(2)提高防范意识。

"培训贷"的受害者往往是刚刚走出校门经验匮乏的大学毕业生，更需要提高防范意识。天下没有白吃的午餐，更不会掉"馅饼"，一分耕耘才能有一分收获，遇事多向老师和家长请教，多向有关部门求助，自觉筑起一道坚固的防御长城，绝不给犯罪分子以可乘之机，方能从源头斩断其罪恶的黑手。

(3)如不慎"入坑"需尽快投诉报案。

如不慎踏入"培训贷"陷阱或者遇到疑似"培训贷"诈骗的情形，应积极收集并留存有关证据，涉嫌诈骗的，应向公安机关报案。一定要及时向有关部门反映情况，切忌自认倒霉、息事宁人，要勇于用法律手段维护自己的合法权益。

▶ 第三节　资料关
——为什么求职邮件总是"石沉大海"？

工欲善其事，必先利其器。在求职过程中，首先展现在用人单位面前的并非毕业生本人，而是由简历、自荐信、作品集等求职资料所刻画出的基本形象。只有当这些资料能够准确、有效、立体地展示出大学毕业生的优势特长，才能够打动用人单位，争取下一步笔试、面试等深入考察的机会。当投出去求职邮件总是"石沉大海"时，大学毕业生就需要好好检查自己的资料是否符合要求。

一、简历

很多同学曾天真地认为所谓简历，就是简单地陈述自己的经历就行。直到自己投的简历"过尽千帆皆不中"之后，才发现一份小小的简历却隐藏着大大的学问。

(一)简历的制作原则

1. 确保真实性

真实性是制作简历的第一原则。优秀的简历是大学毕业生求职的敲门砖，为了更有竞争力，我们可以适当优化简历，但这并不意味着可以做假。在简历制作时，可以突出强项、隐藏弱项。比如应届毕业大学生，可以重点介绍在校时期参加的学生工作、社会实践以及实习经历等。但绝不可以编造、虚构不存在的工作经历和内容。

2. 具有针对性

想用一份简历应付所有公司的时代早已过去。有大学毕业生在投递简历时，通过招聘网站内嵌的通用模板简单填写后就开始批量投递操作，最后结果大概率会以失败告终。在制作简历之前，大学毕业生最好能够根据应聘岗位要求有针对性地设计简历内容和重点。因为企业是根据岗位来筛选简历的，有时候即便你的经历不够出彩，但是刚好符合这个岗位的招聘需求，就是最合适的简历。所以，写简历之前，先明确一点：这个岗位到底需要什么样的人？在优化简历时就突出强调：我就是这样的人。

3. 提升价值性

简历要最大化地呈现自己的价值，所以出现的每个字、每一句话、每一段信息都是有意义的。简历由于篇幅有限，通常只有一页纸，所以无关紧要的内容最好不要出现。语言应当简明扼要，避免出现过于感性、偏文艺的描述。最好是能用数据作为支撑来证明自己的能力，比如发表了多少篇学术论文、参加了多少次创新项目；或者是用事实来说明自己的相关经历，比如在学校活动筹备中具体担任了何种角色等。

4. 富有条理性

公司人力资源专员阅读简历时通常是采取从上往下或者是从左往右的顺序，因此有关信息的视觉呈现一定要有逻辑性。简历中对各类经历经验的介绍一定要有条理，要做到分清主次和先后。比如最重点的内容包括个人基本资料、工作经历、教育与培训经历，次重要的信息包括职业目标、专业技能、语言能力、计算机运用能力以及奖励和荣誉信息。大学毕业生需要根据求职目标，按照重要性依次陈述相关信息。

(二)简历的内容要件

在掌握简历撰写基本原则之后，需要明白一份完整的简历应该包含哪些内容要素。这些内容要素主要有以下几个方面。

1. 个人信息

很多同学误以为个人信息应越详细越好，事实上并非如此。这样做不仅会占用大量篇幅，浪费了简历内容资源，有些个人信息甚至会成为你获得面试机会的障碍。所以个人信息一定是清晰显示出个人情况，让阅读简历的人可以便捷获取信息，如姓名、联系方式(手机、邮箱、住址)、最高学历、意向岗位等。

其他信息可以根据个人优势或应聘岗位进行选择性设计。比如年龄和生日，如果在简历中提供了年龄信息，招聘者可能会认为你对于一份特定工作来说显得太年轻或太老。年龄既可能成为一个积极因素，也可能成为一个消极因素。如果你不确定在简历中年龄是为你加分还是减分，就可以不写。还有政治面貌，如果应聘的单位是政企事业单位，需要加上"政治面貌"。此外，如果是中共党员或者预备党员，有需要可以写上。简历的目的就是呈现个人优势，而大学期间加入党组织本身就需要经过政治信仰、综合素质、学业成绩等多方面的考察，这也是向用人单位侧面证明自己的方法。如果想体现本地人优势，户籍信息可以写上。其他信息如果单位没有明确要求，或者是跟工作岗位没有直接关系，就可以不写。总之填写个人信息只需要写出关键信息即可。

2. 标准求职照

俗话说，爱美之心、人皆有之。面试官看到大学生充满朝气、自信青春的照片自然会心情愉悦、印象深刻。职场通用的正装照往往是加分的，但切忌不可把照片修得与本人差距太大，或者是照片上的妆容过浓。除非与应聘职位有关，尽可能不要贴艺术照或生活照。

3. 求职意向

在投递简历时，个人求职意向应避免写得过于宽泛笼统，要跟自己的简历内容相匹配。通常求职意向写法是"行业＋职位名称"或者是精准的职位名称。比如，你的求职意向是通信领域销售类工作，如果你是针对具体岗位来投递简历，那就将求职意向改成确切的岗位名称即可。

4. 教育经历

公司人力资源专员在审阅简历时，尤其审阅校园招聘中的简历时，最关注的就是学校和专业的信息。所以同学们的教育经历一定要清楚陈述个人学校、学习时间、专业、学历情况。如果成绩特别优秀，也可以将成绩作为加分项呈现在简历中。成绩的写法有很多种，如 GPA 分数、具体课程分数、班级专业排名等。总之，选择最能突出个人优势的写法即可。

此外，如果所学的某些专业课程跟意向岗位所要求的职业技能契合度很高，也可以在教育经历中按照契合度从高往低的顺序列举 5～6 门核心课程。或者所学专业较为冷门，也可以通过列举核心专业课方式来呈现专业技能以凸显个人优势。

5. 个人经历

个人经历是简历中的重要部分，这是求职者工作经验和能力的整体展示，需要尽可能地体现个人优势。在撰写个人经历时要做到具体、简洁、有条理。具体指对于工作经历的描述，不能是简单的"时间＋岗位"这样敷衍了事的叙述方法。大家看看下面的写法，设想一下如果你是公司人力资源专员，看到这样的描述你能获取哪些有效信息呢，是不是也感觉一头雾水？

例：2019.08 在中信证券股份公司实习

2020.08 在中国银行实习

简洁是指在描述你上一份实习、工作经验或者项目经验时，需舍弃无效的描述词和修饰词，也不要用大段字去描述，最好能以数据、结果等事实证据展现自己的工作经验和能力。

有条理是指工作经验要按照时间顺序或重要程度依次陈述。如果是独立完成一个项目，就按照开始、过程、结果这些顺序来写。这样能够使阅读简历的人清楚地掌握你的叙述逻辑，从而能快速了解你的优势。

一个较为通用的写作模板可以用"工作内容＋数据成果"进行展示，最后如果能一句话简单概括反思和成长就更好了。个人经历如果特别丰富，就需尽可能将跟意向岗位相关的经历作为重点突出展示，以增加自身和岗位之间的匹配度。大家对比下面这种个人经历写法是不是能加深你对求职者的认识呢？

例：2019.07—2019.09 中信证券股份公司实习

- 负责 45 个结构性债务融资项目（融资方主要为房地产开发商）信息的收集、整理和初步分析。包括撰写资料清单，联系企业并收集资料，进行公司资质及财务分析和项目可行性及回款分析，并进行内部评级；
- 完成 5 个项目的债务结构设计，并填写尽职调查和推介材料等文件，主要包括地方财政、公司债务情况和项目情况的分析；
- 负责 8 个项目的跟踪调查和分析，并撰写风险排查报告。

6. 荣誉奖励和证书

对于求职者，特别是应届生求职者而言，丰富的荣誉奖励无疑是态度、能力的最佳证明。在简历中描写奖励情况时，应注意强调奖励的级别及特殊性，而不是简单地把所有奖励都罗列上去。

7. 特长爱好

许多应届毕业生在撰写简历时，喜欢强调个人特长爱好。有别于在校期间竞聘学生会、社团等学生干部岗位时特长爱好往往是竞争优势之一，需要特别体现该项能力。求职简历中特长爱好并不是必要项目。所以，切不可为了凸显自己是生活丰富、爱好广泛的人，刻意在简历中罗列七八个特长爱好。如果要写，最好是挑一两个与岗位相关的即可。还要注意的是，切记不要写无中生有的特长爱好。诸如弹钢琴、跳舞等才艺如果不会不可乱写，否则到公司年会或需要你进行特长展示时，就会露出马脚。

8. 个人评价

自我评价不要用过于笼统的套话，如吃苦耐劳，认真负责，甘于奉献之类，这类评价凸显不出任何价值。要知道简历中的每个字甚至每个标点符号的出现都必须是有意义的。大家可以用一句喜欢的职场座右铭来表现你的态度，或者没有特别亮点的个人评价不写也无伤大雅。

(三)制作简历时注意事项

公司人力资源专员每天要阅读很多招聘简历，如果你的简历排版较乱、有效信息有限，这可能就是你的求职邮件总是"石沉大海"的原因。

1. 简历排版

职场上简历通用法则是"一页纸简历"——即把所有的有效信息都呈现在一页纸的范围中。所以在制作简历时不要添加封面、目录等无效内容，直接展示简历内容即可，且需控制内容不要超过一页。

2. 简历格式

网投的求职简历尽量使用 PDF 版本呈现。公司人力资源专员初步筛选简历后，也许会将应聘者简历发给有用人需求的部门。尤其是现在手机的功能十分高效便捷，很可能就直接使用微信或 QQ 发送简历。如果是 Word 版本的简历，在手机上打开就会呈现乱码格式或排版混乱情况。而且 Word 版本不同，一些内容的呈现效果也会略有差异。为了避免此类情况出现，建议网投简历使用 PDF 格式储存投递。

3. 慎用通用模板

目前网络上有很多简历模板，简历内容要素大同小异。慎用通用模板并不是指大家不能用模板，耗费精力去自己重新排版、制作，而是指在制作简历时，尽量不要用招聘网站填写个人信息自动生成的模板。前面已经讲到，简历一定要根据求职岗位有针对性地排版、设计内容以及注意呈现顺序，而招聘网站的通用模板恰恰缺少针对性。此外，招聘网站通用的简历模板往往会给自己公司做广告，在简历页面顶部或者底部留有公司水印，会显得十分突兀。

4. 简历命名

简历命名十分重要，如果招聘公司没有明确的要求，最好能够用"姓名＋(学校)＋意向岗位"的方式呈现。这样可以让接收简历的人一目了然，也方便在邮箱中快速定位到你的简历。要知道在校招阶段，公司人力资源专员的邮箱每天都会接收成百上千份简历，简历命名能够凸显关键信息，这是非常有必要的。

二、自荐信

在网络还不像今天这样发达的时代，自荐信是找工作最主要的材料之一。随着信息化不断发展，信息流量越来越大、运转速度越来越快，在工作效率提升的同时时间也被碎片化分割。让公司人力资源部门仔细阅读一篇长篇大论手写求职信、自荐信已经成为了过去式。但求职信并非完全消失，只不过以新的方式在新的地方重新出现。

(一)求职自荐信

现如今，自荐信主要以更加简明扼要的方式出现在求职邮件的正文中。给公司邮箱发送个人简历时，邮件正文完全空白和长篇大论都是不可取的。如果邮件正文完全空白，很多时候会让公司人力资源误以为是垃圾邮件，或者当成病毒的附件被直接删除。如果在求职的邮件正文中插入简短的求职信，一方面是有利于公司人力资源专员能够对你有个初步判断，另一方面也能提升对你的好感，避免前面所提到的被直接当成垃圾邮件删除的情况发生。同时，现代社会时间更加宝贵，公司人力资源专员在查阅邮件时阅读正文时间不会超过 30 秒，所以内容简明扼要即可，把事情说清楚，不拖泥带水，也是职场干练的第一步。

既然求职信有了新的变革，撰写方式也要发生变化，要注意掌握下面要点。

(1)简明扼要。一般情况下，300 字以内的求职信都是比较合适的。

(2)结构完整。结构上应包括包含抬头—正文—落款三个要素。

(3)重点突出。正文部分通常要概括个人信息、岗位匹配因素、收尾礼节。个人信息即简单陈述你的姓名、教育背景、通过何种渠道看到的什么岗位的招聘信息。其次岗位匹配因素就是简单告诉你和岗位之间高度契合，通常写 2 至 3 点，每个要点一两句话简短概括即可，不要长篇大论。最后可以用一句话"感谢您百忙之中审阅我的简历，祝工作顺利等"进行礼节性收尾。

(二)考研自荐信

随着就业压力加大，相当一部分本科毕业生选择提升学历以提高求职竞争力。其实，在考研成绩出来以后，与硕士研究生导师的沟通与求职时跟公司人力资源专员沟通具有内在一致性。发给导师的自荐信是成功推介自己的第一步，一封真诚、有效的考研自荐信能够提前给导师留下良好的印象。

在撰写自荐信以前，一定要详细了解报考院校、报考专业、报考导师的有关信息，如研究方向、最新成果等。在自荐信中最好能提及到一两点关于导师的信息，比如："×教授，阅读您的论文《×××》之后，我受益匪浅，对××观点我表示很赞同……""×教授，阅读您的论文《×××》之后，我受益匪浅，不过对于××观点我有一点疑问，希望能在成为您的学生之后能够就此与您进行详细的讨论……"。撰写考研自荐信时可利用话题切入点以展示写信人对专业、导师的重视尊重和兴趣。

在准备考研自荐信时要注意重点突出，有针对性，表达你对科研的兴趣，对导师的欣赏，突出个人优势；实事求是，不过分夸大，也不过分谦恭；客观真实，情理交融，说服力强，不能有错别字，文笔要流畅，格式整齐。相较于求职自荐信，内容上可以就科研经历、学习经历稍作详细说明。

有别于求职自荐信，考研自荐信中个人信息应重点突出教育背景、初试成绩、科研经历。当然还可以写上实习情况、获奖情况等。如果自荐信在复试之后写的，那么最好再就复试面试中的一些问题进行深入剖析讨论。同时，写完自荐信之后，按照一般邮件格式在结尾写上敬祝语收尾。最后在自荐信末尾一定要加上个人的联系方式，联系方式最好是多样性的。虽然导师一般不会主动联系学生，但是留下联系方式也是给自己多一个机会。

发完自荐信之后，并不是就能保证自己能够进入复试或者被录取了，还要主动通过电话联系导师，才能争取更多的机会让导师记住自己。

案例延展

尊敬的张教授：

您好！

学生此刻冒昧地打扰您，感谢您在百忙之中翻阅学生的来信。首先祝您及家人身体健康，阖家幸福，吉祥如意！

学生张XX，系XX工业大学2022届自动化系本科毕业生，于2022年参加全国硕士研究生招生考试，考研成绩如下：政治：74，英语：66，数学一：124，自动控制原理：143，总分：407。

四年的大学生活即将结束，学生在此刻选择继续读书，志愿报考您的研究方向，拜于您的足下，希望您能给我一个机会。

我是一位来自西北的农村学生，二十三个春华秋实，二十三载漫漫求学路，历经坎坎坷坷，风风雨雨，跌跌撞撞于 2018 年来到 XX 大学。我十分珍视这来之不易的读书机会，四年里我抓紧一切时间和机遇充实自我，锻炼自己。一分耕耘，一分收获，回想即将过去的四年生活，忙碌而充实，单调却并不乏味，"捧着一颗心来，不带半根草去"，四年时光的漫润，学习已经成为我生命的常态，终身学习的理念已然形成，自我学习，自我管理的能力也初步具备。

现在，我怀着虔诚的心来投身您的团队，继续我的读书生涯。也许我对您的科研活动还不太了解，也许从本科生到研究生的转变还需要一个过程，但我相信：我有吃苦耐劳，脚踏实地的实干精神，我有团结协作，顾全大局的团队意识，我有扎实的理论基础和动手能力，更相信有您的指导和团队的帮助，我会很快融入您的科研团队，做您足下一名合格的研究生。

附上我的简历一份，恳请接纳，期待您的回音，为盼！

此致

敬礼！

自荐人：张 XX

2022 年 XX 月 XX 日

三、其他材料

机会总是留给有准备的人。面对日益激烈的求职竞争，除了简历、自荐信等必备资料，求职之前毕业生应详细整理在求职时可能会用到的其他资料，做好归纳整理形成自己求职资料册，以备不时之需。其他求职资料清单包括以下几点。

(1)盖有教务专用章的成绩单。

(2)就业推荐表和三方协议。

(3)英语四、六级成绩单复印件。

(4)计算机证书复印件。

(5)获奖证书或荣誉称号证书复印件。

(6)作品材料等(艺术、设计相关专业)。

第四章

就业心理

▶ 第一节 大学生就业心理调适
——掌握自信就业的"红宝书"

一、大学生就业心理分析

为实现高等教育大众化的发展目标，近年来各大高校纷纷加大招生力度，有效扩大了当代大学生的整体规模，但同时也给就业工作带来了一定的挑战。习近平总书记多次对就业问题作出重要论述，强调"就业是永恒的课题""坚持就业第一"。就业育人已经成为新时代高等教育的重要任务之一，也是"十四五"期间高等教育高质量发展的需要。

对于大学生个人而言，就业是参与社会劳动的方式，也是实现自己全面发展的必要手段。但是，面对近年来日益严峻的就业形势，大学生普遍承受着巨大的心理压力，新建地方本科高校在生源质量、资金投入、师资力量等方面都与重点大学存在差异，这在相当大的程度上制约了地方本科院校大学生的就业竞争力，其毕业生会承受更大的心理压力。一部分学生由于心理调适能力较好，其心理压力在求职过程中会慢慢消除，但部分学生由于心理压力比较大，思想矛盾比较深，其心理和行为都会受到影响，妨碍其顺利走向工作岗位。

大学生正处于职业探索的重要阶段，求职就业也是人生进程的重要环节。因此，学习和了解就业心理，既能帮助大学生做好业准备，在人生新的阶段扬帆起航，也能帮助大学生明确未来生活的奋斗方向，为人生事业的发展奠定良好的基础。

（一）大学生就业心理的发展背景

关于大学生就业心理的研究，国内外发展趋势不尽相同。国外将大学就业心理的发展趋势分为萌芽时期、发展时期、兴盛时期三个阶段。

1. 萌芽时期

1894年，在旧金山加利福尼亚工艺学校，梅内尔最早开展了职业心理辅导实践尝试，开始了职业心理辅导实践研究。1908年，美国波士顿大学教授弗兰克·帕森斯在波士顿创设了"职业局"，这标志着美国职业心理辅导的诞生。1909年，帕森斯在《选择职业》一书中，首次提出了"就业心理"的概念，并在其著作中提出三点就业意见，"第一，应该清楚地了解自己的态度、能力、兴趣、智谋、局限和其他特性；第二，成功的条件及所需要的知识，在不同工作岗位上所占的优势、不足和补偿、机会和前途；第三，上述两个条件的平衡。"1913年，美国成立了"全国职业辅导协会"，此协会在1917年将心理测试广泛应用于职业辅导中，其辅导效果在当时的美国社会获得一致好评。自此之后，人们开始普遍认识和接受职业辅导。1919年，美国哈佛大学首次开设大学生就业心理指导课，开创了美国大学生就业指导工作的先河。之后，美国的其他高校也陆续开展了就业指导方面的实践，将大学生就业心理指导课程设置成大学课程，并成为众多学者研究的课题。这一时期关于就业心理的研究开始进入学术视野，人们对与就业心理相关的概念有了初步认识，为后来的研究奠定了良好的基础。

2. 发展时期

二战以后，随着职业选择与指导理论的大发展与大繁荣，出现就业心理研究的相关理论。人本主义心理学家卡尔·罗杰斯于1942年发表的《心理咨询和心理疗法》一书中，提出了职业心理辅导应以"当事人为中心"的心理治疗方法，这标志着心理测试广泛应用于职业辅导之中。1943年，美国心理学家马斯洛在《人的动机理论》中提出"需要层次理论"。他认为人人都有各种层次的需要，每一层次需要的产生以及满足，都将影响其个体产生更高层次的需要以及个体的发展程度。1957年，塞普尔提出了职业发展的自我概念理论。该理论认为，"个体通过检验各种角色扮演经历来增进对自己的观察和了解，当自我概念发生较大分化时，其中一个特殊方面即职业自我概念就成为青少年职业选择的关键因素"。该理论阐述了人们的职业选择有形成期、探索期、建立期、维持期、巩固期五个基本阶段。塞普尔同时也认为，在不同的阶段，个体对职业的认识或职业的追求都是变化发展的，并且前一阶段任务完成的情况，会影响到后一阶段的发展情况。1966 年，美国心理学教授霍兰德以自己的职业咨询经验为基础，提出了职业选择的人格类型理论，他认为一个人的职业选择是对个人人格的反映，个体的价值观、心理需要等是影响职业选择的重要因素。霍兰德根据劳动者的心理素质和择业倾向，将劳动者划分为现实型、研究型、艺术型、社会型、企业型和常规型六种类型。并根据他的理论判定提出与之相应的六种职业环境类型，即实际型、研究型、艺术型、社会型、企业型和传统型。霍兰德还指出，如果个体的人格类型与所处的职业环境匹配时，个体各方面的内在潜能可以得到有效的发挥，也能提升自我效能感，从而更好地适应工作；如果个体与所处的职业环境并没有完全匹配，不可避免地就会对工作产生抵触，影响工作效率，继而产生心理障碍。这一时期，关于就业心理研究多为理论研究，出现了较为系统的理论，这些理论对后来的就业心理的研究具有积极的指导作用，同时也提供了理论借鉴。

3. 兴盛时期

这一时期的就业心理研究更倾向于职业心理辅导实践。20 世纪 70 年代以来，西方主要国家经济发展滞缓、不平衡，许多西方发达国家还没有走出经济衰退，相应地，大学生的就业压力也随之加大，关于大学生就业心理问题的实践研究也引起了广泛关注。许多国家逐渐重视大学生就业心理问题，并有针对性地采取了不同的政策和措施帮助大学生实现就业，以缓解大学生的就业心理压力。如美国相继出台多项法律促进就业，在 1988 年的《公交商务和竞争法》中提出："促成学校实习项目及学校和商业的合作关系，从而促进人们就业"。英国政府则统一安排未就业的大学生到一些企业或其他组织机构进行为期 3 个月的实习，目的是希望通过实习以培养大学生的相关工作技能，以及帮助他们更好地适应社会环境。日本政府则是以最大限度来促进全社会就业信息及时化和公开化，保证就业信息的畅通，帮助大学生抓住就业机遇。俄罗斯采取高校与企业合作的模式，这样既能提高大学生的专业水平，又能帮助他们学习一些实践技能，为其成功就业奠定了基础。这一时期，关于就业心理的研究更倾向于实践研究，即如何通过制定就业政策和措施来解决或缓解大学生就业问题以减轻大学生就业心理压力。

国外的各个高校也通过各种途径帮助大学生做好就业心理准备。德国在大学生就业心理方面的研究，主要关注的是大学生求职心理素质的培养和求职技巧的提高，通过设立专门负责培训大学生自身基本素质和职业能力的就业市场学院，以提高大学生的社会生存能力和基本素质。而英国在这方面的研究主要是通过高校毕业生就业指导服务部进行的，不仅帮助大学生作好就业心理准备、增强自身的就业能力，还帮助大学生进行个性分析、职业生涯设计等内容。日本关于大学生就业指导工作更加侧重的是面试穿着、讲话方式（敬语使用）等方面的实践能力的培养，有些学校还通过就业模拟考试的形式来训练学生的应试能力。澳大利亚和加拿大等国家也相应地开展模拟招聘面试训练等活动，通过各种活动以帮助大学生做好就业心理准备和锻炼相应的求职技巧。美国是世界上最早开展就业指导工作的国家，受美国的影响，国外许多高校也开始关注大学生的就业心理问题，通过提升大学生职业能力、培养职业素质和求职技巧等措施帮助大学生作好就业心理准备，以缓解大学生就业心理压力。

我国早期职业指导始于 20 世纪初。1916 年，清华大学校长周寄梅初创职业指导，将心理测试应用在大学生职业选择中。1917 年，教育家黄炎培介绍了西方国家职业指导的理论及实践经验，并结合当时的社会经济发展状况，阐述了开展就业指导的必要性。直至我国高校扩招前，我国高校的大学生一直处于"统筹分配就业"的传统模式下，大学生就业问题不明显。进入新世纪以来，随着社会主义市场经济体制的发展和完善，也催生了就业制度的根本性的变革，就业问题也逐渐成为社会关注的热点问题。2003 年，随着我国高校扩招后的第一批大学毕业生走进就业市场，大学毕业生的就业形势变得日益严峻和紧张，随之而来的大学生就业心理问题也日益严重。

（二）就业心理

就业心理指人们在就业过程中产生的各种心理现象，是人们在对自我、职业和社会的认识基础之上形成的，对待职业和职业行为的一种心理系统。它不仅包括个体自身有关职业的一些特质和特点，而且还包括在对二者认识的基础上所产生对待职业的某种价值倾向、兴趣和态度。

就业心理是一种心理活动和现象，它与求职者的就业价值观念、自身性格和兴趣、就业需要和自身就业素养以及外在行为等有关，每个求职者不同的就业心理影响其就业取向、就业思想以及就业行为。求职者积极的就业心理使其有正确的就业认知和就业取向，并有一个积极的就业行为；求职者不良的就业心理会导致其就业取向不明确、就业认知不理性，进而出现消极的就业行为。

1. 当前大学生积极就业心理表现

大学生积极就业心理指在择业就业过程中，大学生具有正面的就业取向、努力进取和乐观的就业情绪、主动参与就业的心理状态。

对于心理发展还处于不十分成熟的青年大学生来说，就业不仅是一个复杂的行为过程，还伴随着心理上的变化。大学生就业心理的状况是影响大学生能否顺利就业的重要因素之一。在择业就业过程中，大学生积极的就业心理能够帮助他们树立正确的自我认知和就业认知，引导他们树立正确的就业观，形成坚定的就业意志，培养积极乐观的态度，从而有助于大学生实现有效就业，并对其未来职业的发展都有着积极促进的作用。

常见的大学生积极就业心理表现如下。

(1)自我肯定意识较强。自我肯定是指个体比较清晰、客观、全面地对现实中自己的外在形象、性格爱好、行为表现和个人能力等方面的认可和欣赏。从当前大学生就业情况来看，多数大学生都能够正确地评价和认识自己，能充分认可自身的价值，对自己的性格、爱好、能力以及各个方面都给予肯定的评价，也能够正确认识和看待自己的不足。同时，在择业就业时，他们对职业有明确的目标，懂得如何在求职时扬长避短，同时也相信自己的能力，相信自己可以快速地融入新的工作中，能够对自己的工作和未来职业发展都充满信心。

(2)拥有良好的情绪。情绪是个体在对外界事物认知的基础上，产生的一种主观体验，对人的认知具有非常重要的作用。保持良好、稳定、积极的情绪，能够帮助人们客观认识外界事物，提高工作效率，益于身心健康。良好的情绪使大学生在求职时，能够有一个正常的心理反应和稳定的心理状态，头脑冷静、清醒地支配自己的行为，对周围环境和外界的刺激作出恰当而不是偏激偏执的反应，不气馁，并具有持续的就业信心，能够及时调整自己的心理状态，摆脱消极情绪的困扰，保持情绪乐观向上，做到喜不狂、败不馁。

(3)就业心理趋于理性。理性的就业心理是指大学生能够清醒地了解就业形势、分析自身的就业优劣势，并根据实际情况作出选择的心理现象。就业心理趋于理性，能够促使大学生在求职时将个人理想、自身情况与社会现实需要有机地结合起来，对工作和生活中遇到的困难能够乐观面对和妥善处理，既能够悦纳自我，又能够悦纳他人，正确认识和处理与他人的关系。在进行职业选择时，不再单纯以经济收入、社会地位、声望等功利化的因素作为求职标准，而是把是否能发挥个人才能、是否符合自身的兴趣爱好与是否符合社会实际需要等作为重点考虑的求职标准。

（4）就业意志坚定。坚定的就业意志是指大学生在就业过程中表现出来的自觉克服困难和障碍而达到预期目标的心理现象。坚定的意志是积极心理的品质之一，对于大学生实现就业尤为重要。坚定的意志主要表现为个体自身目的明确、合理，自觉性较高，善于总结和分析情况，果断、坚毅，自控能力较强。大学生在择业就业时，具备坚定的意志品质，有实现自身目标的坚定性，并且能够调控自己的心理和行为，坦然面对就业过程中遇到的挫折和困难，并努力地克服就业阻碍，坚强地走出所遇到的就业困境，实现自己的就业目标。

2. 当前大学生消极就业心理表现

在择业就业过程中，大学生如果没有树立正确的就业认知，就业取向不匹配自身实际，在就业中受挫能力较弱，就容易出现消极的言行表现。具体表现为以下几个方面。

（1）功利与攀比的心理。功利心理是指大学生在择业就业过程中过分地追求功名利禄和眼前的物质利益的心理现象。在当前大学生群体中，有相当一大部分学生在选择职业的过程中表现出较强的功利主义倾向，选择职业时过分地看重工作报酬或工作的社会声望等方面，重视眼前自身经济利益的获得，忽视自我职业的未来发展。一项针对就业心理相关的调查发现，随着年龄的增长，大学生群体中存在功利主义倾向的占比在不断升高。绝大多数大学生不愿意去工作环境较差、工资较少的偏远西部或农村地区工作，他们注重工作的经济利益和生活条件，不愿意吃苦，认为只有在大城市、大企业、大公司的工作才能彰显自己的社会地位，这样才能显得自己有面子。

攀比心理是指大学生在求职就业过程中表现出扭曲的不服气心理，是一种不愿落后于他人且经常盲目地把自己的工作岗位和工资待遇等方面与周围人进行比较，缺乏理性分析自己实际情况的心理状态。拥有这种心理的大学生常常不顾自身的实际情况，一味地与周围同学、好友比工作待遇如何、比工作环境优劣等，总认为自己必须要找个比周围人的工作都好的工作。更有甚者看到同学们都去竞争一个待遇、工作环境等各方面都很好的工作岗位，认为"他能去，我也能去"，从而不顾自身的条件，盲目攀比。这种心理极易导致个人产生负面情绪以及沉溺于攀比中无法自拔，这对顺利就业极其不利。还有部分大学生对于别人的工作好坏持不关心、无所谓的态度，这表面上不存在攀比心理，似乎与自己无关，但也是一种扭曲心理的表现。

（2）求稳与求全的心理。部分大学生在求职过程中过分注重工作的稳定性，安稳的工作是他们心中的最佳选择，他们表现出的是一种不愿意参与激烈的就业竞争的求稳心理状态，愿意从事稳定的工作。大多数大学生在选择职业时更加注重工作的安稳性、无风险等，不愿意选择那些具有挑战性、变化性的工作，尤其对于女大学生来说，这种情况表现得尤为突出。当前大学生热衷于在国家机关、事业单位、国企等工作，也在一定程度上反映出大学生职业选择过分求稳的心理。过分求稳的心理不利于大学生发掘自身的潜能，也不利于未来的职业发展。

求全心理是指人们追求事物的至善至美，并且不能容忍事物的缺点和错误，过分追求各方面都完美的心理倾向。在择业就业过程中，部分大学生对职业过分要求完美，无论是什么样的职业相对来说都要追求待遇、职位、地点、环境等，各方面都要尽如人意。大部分学生对于自己未来工作的环境、待遇、专业、个人成长等方方面面都要求较高。大学生过分求全的就业心理可能会因现实与理想的差距而产生挫败感，影响就业的自信心。

（3）焦虑与紧张的心理。焦虑心理是指一个人对可能将要发生的某种不好的事件或由某种不良后果产生而感到担忧和不安而产生的不愉快情绪。大学生适度的就业焦虑心理可以调动其自身内在的潜能和积极性，对就业具有一定的促进作用。但是，一些大学毕业生过分地担忧自己是否能找到理想的工作，担忧自己择业失败，担心择业失误会造成"一失足成千古恨"，种种担心和恐慌使自身背上了沉重的精神枷锁。大多数学生在求职过程中，焦虑感十分强烈，担心自己不能如愿以偿，对在国家发展需要、个人就业倾向、工作环境等不知如何作出选择而感到烦躁，进而影响到正常的生活和学习。大学生过度的就业焦虑心理会影响自己在求职过程中的表现，对顺利就业具有阻碍作用。

紧张心理是指大学生在求职过程中，担心自己通不过将要或正在参加的招聘考试使得精神持续处于紧绷状态，导致情绪过分激动、极度害怕应聘失败的心理状态。大学生在求职过程中都会经历笔试、面试等一系列环节，有些大学生担心自己的知识和能力不够从而使得某一求职环节失败，对求职结果忐忑不安。此外，也有大学生因自己生理、能力、知识等方面存在明显不足或缺陷，担心通不过考核使得精神处于极度紧张的状态。

据《人民日报》报道："日前一项针对大学毕业生的调查显示，56.6%的受访者坦言秋招后最强烈的感受是迷茫，45.5%的受访者认为是焦虑，43.3%的受访者感到紧张。"由此看出，面对相对有限的就业需求和复杂的择业求职环境，当前多数大学生在求职应聘过程中都会存在紧张的心理，他们因自身的学习情况、社会经验等方面的不足而害怕自己在某一环节出现失误，使得自己的精神和心理都处于紧张状态。这种严重的紧张心理无形中增加了大学生的心理负担。

(4)自卑与怯懦的心理。自卑心理是指由于个体过于缺乏自信心的自我暗示或他人对自己不客观的评价，而导致的自我评价偏低，是一种消极、失去心理平衡的心理状态。大学毕业生在求职中的自卑心理导致过多地看到自己的不足，轻视和贬低自己，尤其经历了求职失败后，更加畏首畏尾、怀疑自己的能力，甚至认为别人都比自己优秀，产生"单位不可能会选择自己""自己根本不能胜任工作"等想法。大部分大学毕业生面对严峻的就业形势，对自我过于低估。尤其在遭遇就业挫折后，更是全盘否定自己，认为自己各方面都不好，内心自卑感加重，导致有的学生会无法正常面对就业，甚至会严重影响自身的正常生活。有的学生看见周围的同学都纷纷先于自己找到满意的工作时，自尊心也会受到严重的刺激，从而贬低自己的学识和能力，对自己感到失望。在激烈竞争的就业环境中，大学生自卑心理是阻碍成功就业的绊脚石，必须努力加以克服并跨越它。

怯懦心理通常表现为就业过程中懦弱、拘谨等心理现象。有些大学毕业生在面对就业时，表现出心理和性格脆弱，意志不坚定，害怕与人沟通交流。如在面试时不敢充分表达自己的想法，甚至语无伦次，把面试前精心准备的"台词"忘得一干二净，严重影响自身形象和能力的发挥。多数大学生在求职过程中，因怯懦而不敢向用人单位展现自己的优势，从而在整体上削弱自身的就业竞争力。在招聘现场，因怯懦心理直接导致用人单位拒绝录用的大有人在，大学毕业生必须克服这一不良心理才能实现顺利就业。

(三)大学生就业负面心理原因分析

1. 市场经济的负面影响冲击着大学生的就业心理

市场经济促进了我国经济的高速发展，与此同时，市场经济的负面影响，如拜金主义、功利主义、实用主义等错误思想也影响到社会成员的思想和生活，不可避免地冲击着大学生的思想和心理，使大学生对职业的评价与认识产生偏颇，形成不正确的就业价值取向。在大学生择业就业的过程中，受市场经济的逐利性影响，相当一部分大学生在职业选择上过分注重名利并相互攀比，没有把个人的职业选择与奉献国家和社会结合起来，只是追求一时职业选择的得失，这种思想和心理导致大学生对职业选择的功利心严重，导致他们不能正确认识自身物质利益与精神需求、奉献与索取，以及自我未来发展与社会需求之间的关系。有些大学生认为自己上了大学，就应该有更好的工作待遇，只沉迷于眼前的一点点利益而忽视自己未来的职业发展，有些学生没有清晰的职业规划，导致盲目攀比跟风的现象严重，有些学生不愿意参与就业竞争，而愿意选择安逸、稳定的工作，甚至坐等家里安排工作。与此同时，我国用人单位招聘中也存在严重的实用主义倾向，学校背景、专业、地位、性别等就业歧视依然存在，尤其是一些企业过分追求应聘者对企业的实用性，不愿意花费时间和成本对应聘者进行职业培训，忽视应聘者自身的才华和未来发展，这种情况也导致了大学生的就业焦虑和紧张。

据"新华视点"记者调查发现，在社会招聘中各种隐性歧视仍然存在。"记者在东北一所高校举行的大型招聘会上看到，一家科研院所的招聘岗位虽然并未限定性别，但却只收男生简历。"这种情况在很多大学生招聘过程中屡见不鲜。大学生择业就业是人生发展的必然，是大学生实现价值、奉献社会的开始，但由于受到诸多市场经济负面思想和社会不良风气的影响，其自身产生了诸多不良就业心理，严重影响了大学生的职业选择和顺利就业。

2. 严峻的就业形势凸增大学生就业心理压力

自高校扩招以来，我国高校毕业生人数逐年升高，我国大学生整体的就业趋势呈现严峻态势。据中国教育在线统计，"2021—2022 年各地求职期竞争指数逐渐上升，大学生就业市场竞争激烈。"我国高校毕业生人数与日俱增，而我国新增的就业岗位却十分有限。另有相关资料显示，我国在未来 5 年内新增就业岗位的数量增长速度预计会持续下降，这对大学生就业市场将会产生巨大的压力。人社部调查资料显示，我国一些国企、集体企业、港澳台企业和外资企业的用工需求呈现下降的态势，而这些类型的企业又是毕业生比较青睐的工作单位。用工需求下降，大学生人数增多，致使他们就业压力加大。如此紧张的就业形势增加了大学生的就业心理负担，从而产生诸多不良就业心理。

3. 高校人才培养模式滞后于社会和学生心理的发展需求

高校的人才培养模式受原来精英教育的影响仍然存在一些问题，专业结构和专业设置存在一定的盲目性，尤其是为了所谓的热门专业而严重脱离就业市场的需求，导致大学生就业的结构性矛盾突出。一些高校过分迎合市场需求，致使一些专业的毕业生超过就业市场的吸纳能力，从而导致人才培养过剩。据"新华视点"记者调查发现，"多位招聘单位的人力资源负责人表示，在中国经济产业转型升级的形势下，许多高校的学科设置和讲授方式已经明显落后。这种情况在一些非名校中更为突出。"如一些院校不切实际地开设所谓的热门专业，甚至盲目地扩大这些专业的招生规模，最终造成相同或相近专业的毕业生人数过多。同时，高等院校偏重学生的专业知识教育而轻视人文教育，也导致出现一些大学生的思想道德素质滑坡、心理素质低下等问题。虽然很多高校都设置大学生就业心理指导课程，但多是流于形式，甚至有些高校的就业指导课只是简单举办几次就业指导讲座或就业辅导课程，向大学生传达一些相关的就业法律法规和就业信息等，即使有就业心理教学的内容也偏重理论讲授，没有结合社会发展的实际要求和大学生的就业心理变化对他们的就业观念和就业能力进行正确引导和培养，更没有结合当前实际的就业案例分析大学生就业心理。而且就业心理指导课的教学手段多是以灌输为主，缺少对大学生实践能力的培养，不能让学生真正融入到当前就业氛围中，这也远远脱离了大学生求职的就业现实需要，没有对大学生就业心理起到应有的调节作用，导致大学生在出现就业心理问题时不知所措。另外，很多高校与大学生就业密切相关的未来职业生涯规划、就业观念、就业心理辅导等系统的指导仅仅在大四时"临阵磨枪"，有的学校甚至并没有开设相关的就业指导课程。

4. 大学生自身的就业心理准备不足

生活在"象牙塔"里的大学生，面对初次就业，大都缺乏足够的心理准备和思想准备，也没有充分地做好自身未来职业发展的规划。在当前的教育环境下，分数胜于一切，从小学、初中、高中到大学，大部分学生沿着考试分数这条线一路走来，重知识积累而轻自身能力的培养，高知识水平低能力成为分数指挥棒催生的两大苦果。大部分学生缺少参加社会实践活动、提升自身综合素质认知的机会，在校期间仍然是沿着应试教育的习惯，重知识学习而忽视培养社会实践能力，这更难以做好足够的就业心理准备。还有些学生没考虑过自己未来职业发展的方向，没有明确的职业发展规划，不知道自己想要什么、想做什么、能做什么。多数大学生在大学期间缺少未来职业生涯规划而导致毕业时既没有就业准备又没有明确的求职目标，随大流、"赶集"似的参加招聘会，更没有明确的职业选择方向，最终造成求职时焦虑、紧张、怯懦等不良心理产生。

二、大学生就业心理问题

适度的就业心理压力有助于激发大学生求职的竞争性和积极性，但是过于强烈的就业心理压力，会对大学生的就业产生负面影响。在就业过程中，大学生如果一直处于心理压力较大的状态，得不到及时的疏导，就容易演变成心理问题。从心理学角度来看，心理问题是对外界刺激的不适当反应。如果心理问题未能得到及时疏导，有可能影响到自身健康，甚至以后的生活。

(一)认知心理维度

1. 自卑

自卑是一种否定的自我评价，主要表现为缺乏信心，缺乏勇气，总以为自己不如别人，不敢竞争。自卑多见于自我意识不健全，性格过于内向的大学毕业生，他们对前途感到茫然，害怕参与社会竞争。在择业的过程中，他们往往缺乏足够的信心和勇气，害怕竞争，不敢直面困难与挑战；在面试中，他们表现得缩手缩脚，不能正常地发挥自己的水平；在遇到挫折、失败时，他们自怨自艾，觉得事事不如人，从而感到悲观、失望、沮丧。

2. 自负

自负是一种对自我评价过高，脱离实际的心理状态，主要表现为自视过高，过高地看重自己。在就业过程中，此类学生期望值过高，看不上招聘单位，瞧不上应聘职业，好高骛远，不够踏实。假若这类学生求职未能如愿，则会心生"世有千里马而无伯乐"的怨愤，大有"英雄无用武之地"的感叹，还会产生孤独、失落、抑郁等负面情绪。

(二)情绪心理维度

1.焦虑

焦虑是大学生中最常见的一种情绪反应，多数由挫折或内心矛盾冲突所致，表现形式有恐惧、不安、忧心忡忡及某些生理反应。大学生择业时都会出现不同程度的焦虑情绪。大学生产生焦虑情绪的具体原因多种多样，但归结起来主要是由事业前景的不可预测或内心深处的茫然无助感所致。导致大学生产生焦虑的主要问题有：担心自己的职业理想不能实现；担心找不到适合自己专业特长的、有较好工作环境的单位；不知道是否应该与某家用人单位签约以及是否会违约；担心亲人对自己的选择不理解、不支持等。一旦其产生焦虑情绪，就会烦躁紧张，心神不宁，萎靡不振；学习上得过且过，穷于应付，反应迟钝等。有些同学在屡遭挫折后还可能产生恐惧感，一谈择业便感到身心紧张，从而影响求职择业。

2.急躁

急躁是毕业生焦虑心理的一种特殊表现，是一种不良心境，主要特征是情绪高涨或低落。许多大学生在求职时急于求成，一厢情愿地希望在面试时能一锤定音，马上签约，可是一旦签约后发现有更好的选择时，又希望马上解约，全然不顾用人单位的意见和学校的声誉。有急躁情绪的人，在求职时缺乏耐心，急于求成；在面试的过程中丢三落四，毛毛躁躁。急躁心理会严重影响大学生正常的学习、生活、交往和择业。

3.情感冷漠

情感冷漠是指对周围环境的变化丧失情感反应。大学生产生这一情绪主要表现为求职严重受挫后的一种消极的心理反应，是一种自我精神防御机制。有些大学生因在择业中受到挫折而感到无能为力，失去信心时会出现听天由命、不思进取、情绪低落、情感淡漠、沮丧麻木等反应，他们自认为看破红尘，并决定放弃努力。

(三)行为表现维度

1.怯懦

怯懦是一种退缩的行为，表现为在择业的过程中瞻前顾后、顾虑重重、过于小心谨慎。怯懦是缺乏自信的心理现象，有的同学在求职时害怕说错话，丢面子，在用人单位面前缩手缩脚、面红耳赤、语无伦次，辛辛苦苦准备的

"台词"，在情急之下忘得干干净净；有的同学谨小慎微，不敢发表自己的见解，生怕说错一句话。究其原因，一是性格内向，不善于与人交流；二是缺乏必要的人际交往技能，不懂得如何充分表达自己；三是过于想表现自己，却又担心失败，怕给用人单位留下不好的印象。很多时候，怯懦和自卑是同时出现的。

2. 问题行为

问题行为是指违背社会行为规范的不良行为。大学生容易因主体需要得不到满足或遭受较大挫折而放松对自己的约束，从而产生各种各样的问题行为，如逃课、损坏公物、对抗、报复、迁怒于人、拒绝交往、不良交往、嗜赌、嗜烟、嗜酒等。问题行为不仅会影响大学生择业，还可能导致严重的法纪问题，所以更应该引起大家的高度重视。

3. 躯体化症状

躯体化症状是由心理压力或生活方式异常而导致的异常心理反应。大学生由于心理矛盾冲突较为激烈，挫折体验多，心理常处于较高的应激水平，因此容易出现某些躯体化症状，如头痛、头昏、心动过速、消化紊乱、心慌、尿频、饮食或睡眠障碍等。出现此类情况，应及时予以排除，否则会危及身心健康。

课堂拓展

同学们请仔细回想一下自己在过去一个月内是否出现过下述情况。

计分方法：从未发生——0分，偶尔发生——1分，经常发生——2分

题目	从未发生	偶尔发生	经常发生
1. 觉得手上工作太多，无法应付。			
2. 觉得时间不够用，所以要分秒必争。			
3. 觉得没有时间休闲，终日记挂着工作。			
4. 遇到挫败时很容易发脾气。			
5. 担心别人对自己工作表现的评价。			
6. 觉得上司、家人都不欣赏自己。			
7. 担心自己的经济状况。			
8. 有头疼、胃痛的毛病，难以治愈。			
9. 需要借烟酒、药物、零食等抑制不安的情绪。			

续表

题目	从未发生	偶尔发生	经常发生
10. 需要借助安眠药帮助自己入睡。			
11. 在与家人、朋友、同事的相处中常发脾气。			
12. 与人倾谈时，常打断对方的话题。			
13. 上床后思潮起伏，牵挂很多事情，难以入睡。			
14. 觉得工作太多，不能每件事都做到尽善尽美。			
15. 空闲时轻松一下也会感到内疚。			
16. 做事急躁、任性，事后常感到内疚。			
17. 觉得自己不应该享乐。			

测试结果：

【0～10分】精神压力程度低，但可能生活缺乏刺激，比较简单沉闷，动力不大。可适当增加压力。

【11～15分】精神压力程度中等，虽然某些时候感到压力较大，但仍可应对。

【16分或以上】精神压力偏高，应反省一下压力来源并寻求解决方法。

如果你的测试结果显示压力较大，那就需要寻找合适的办法尽快去调节。首先可以进行自助，如通过调节认知、改变行为来缓解压力。其次可以通过适当的宣泄来缓解，如运动、合理购物、外出散心等。最后，如果自身很难调节目前的压力状态，那一定要记得求助专业人士，比如校内的心理健康教育中心，或者校外的医疗机构，用科学合理的方式应对精神压力。

三、运用正确的方法进行心理调适

为了顺利就业和取得职业生涯的成功，大学生应该做好充分的心理准备，树立正确的择业就业观，挖掘自身优势，在求职过程中遇到心理问题，甚至心理障碍时，应及时进行积极的心理调适，以最好的择业心态勇敢地迎接就业挑战。

(一)建立良好的就业动机

大学生就业动机的类型有三种：谋生型、创业型和贡献型。不同的动机类型会影响大学生职业定位。

1. 谋生型

在当今的社会经济体制下，劳动依然是人们的谋生手段，通过从事某种职业而获得维持生活的经济收入，这是最普遍的就业动机。

2. 创业型

大学生希望获得事业的成功，在创业中展示才华，取得成就。在这种就业动机支配下，大学生择业时考虑的第一因素应是所选职业是否具备充分展示自己才华的各种条件。

3. 贡献型

一部分大学生的职业理想是做一个对社会、对人类有贡献的人。在这种就业动机支配下，大学生择业考虑的第一因素是社会的需要，当社会需要与个人利益发生冲突时，会把社会的需要放在第一位。

大学生应根据自己需求和特质，明确自己的就业动机，这会成为择业就业良好的开端。

(二)全面认识自己

全面认识自己是树立正确就业观的前提。每个人的生理、心理特点不同，适合的职业领域也不同。如果大学生能对自己各方面的状况有较为清晰的认识，就能选择发挥自己特长的职业，让潜能得到最大的发挥。

1. 如何认清自我

认清自我并不容易，简单的自我评价是对自己综合素质的评判，是建立在自我观察和自我分析基础上的。因为是自己评判自己，所以我们应该做到全面、客观。

所谓全面，就是要求我们既要看到自己的优势，也要看到自身的劣势，对自己进行综合的判断。所谓客观，即要求我们在认识自己的时候要以客观事实为依据，准确地判断自己的能力。只有掌握了自我评判的原则，我们才有可能看到一个真实的自己。

2. 认识自身特征

如果有人问"你的优势和劣势分别是什么"，我们可能顺口就能回答出来，其实这样的回答有可能过于笼统，我们应该认清两个自己，即"今天的我"和"明天的我"。换句话说就是我们不仅应该认清当前自己的准确情况，而且应该清楚地了解自己将要向什么方向发展。

可以从以下几个方面入手来了解"我"。

(1)综合能力。综合能力指学习、社交、创造、表达、组织等能力。具体表现为认识自己"学了什么"和"做了什么"。"学了什么"提示我们要认清自己在学校所学的专业以及专业的特点,总结自己在学习中所学到的知识。"做了什么"则要求我们对自己的经历有一定的认识,并且对自己曾参与的实践活动进行分析,从而总结自己在这些经历中得到了哪些启示。

(2)性格认知。性格认知即认清自己的性格优势和性格劣势。认清性格优势,能帮助我们认清自己适合做哪种工作;认清性格劣势更有利于帮助我们了解什么样的工作不适合自己,或者自己与理想职业有何差距,真正做到扬长避短。

(3)职业兴趣。明确职业兴趣的前提是做好兴趣评估。一个人如果从事自己感兴趣的职业,往往能够将自己的潜能最大限度地发挥出来,取得优异成绩。

(三)掌握心理调适策略,科学应对就业压力

就业过程必然不是一帆风顺的,当遭遇挫折、面对冲突以及心理失衡时,我们可以适当地应用一些心理调适策略,科学应对就业过程中的各种压力。

1. 自我激励法

自我激励是人的精神生活的动力派系之一,主要用生活中的哲理、榜样的事迹或明智的思想观念来激励自己,同各种不良情绪进行斗争。要相信凭借自己的意志、能力和奋斗精神,没能得到的东西总有一天会得到,增强自信心,从而增加获得成功的可能性。大学生在择业过程中,要相信自己的实力,可通过自我激励,增强自信心,消除自卑感,保持良好的心态和情绪。

例如,每天写下3件令自己骄傲的小事,评价自己在这三件事中的表现,着重关注自己做得好的方面;还可以在自己完成一个任务时奖励自己一些小礼物,或者奖励自己购买平时想买但一直舍不得买的东西等。

2. 适度宣泄法

当遇到各种矛盾冲突,引起不良情绪时,大学生应尽早进行调整或适度宣泄,使压抑的心境得到缓解和改善。切忌把不良情绪压抑起来,压抑得越多越久,自身受到的伤害就越大。较好的宣泄方法是向你信任的人倾诉,在倾诉的过程中不仅可以宣泄情绪,获得理解和支持,还可能获得认知问题、解决问题的新思路。也可以通过运动、放松、书写等方式宣泄情绪,恢复心理平衡。但应注意宣泄的场合、身份、气氛,注意适度,合理的宣泄应该是

无伤害性的。

3. 合理情绪疗法

合理情绪疗法认为，人们的情绪困扰是由于不正确的认知即非理性信念所造成的。因为，通过认知纠正，以合理的思维方式代替不合理的思维方式，就可以最大程度地减少不合理信念给人们带来的情绪困扰。例如，有的大学生择业不顺利就怨天尤人，认为"人才市场提供的岗位太少""用人单位要求太高"。其原因就在于他常从客观环境上寻找原因，认为"大学生择业应当是顺利的""社会应该为大学生提供充足的就业岗位"，等等。正是由于这些不合理的认知，从而产生了不良情绪。所以，如果大学生能改变不合理的观念，调整认知结构，不良情绪就会消除。

运用合理情绪疗法的核心要点应包括以下几点。

(1)要认识到不良情绪不是源于外界不可改变的因素，而是来自自己的不合理信念。

(2)情绪困扰得不到缓解是因为自己仍保持过去的不合理信念。

(3)只有改变自己的非理性信念，才能消除情绪困扰。

▶ 第二节 大学生就业心理素质
——牢握积极就业的"金钥匙"

一、心理素质对大学生就业的影响

(一)就业心理素质概述

就业心理素质的概念是为了适应大学生就业市场而提出来的。大学生就业心理素质指以先天生理条件为基础，个体在与社会环境和教育交互作用下，形成的个体在就业过程中表现出来的心理意志品质和知识技能品质的总和，是大学生个体合理择业、顺利就业和成功创业的心理基础。因此，大学生提升就业心理素质，也就牢牢握住了积极就业的"金钥匙"。

(二)建立科学的就业观

就业观指对职业选择的基本看法和观点，它对人们的求职择业和怎样从事相关工作有直接影响。适应当前的就业形势，及时转变就业观念，树立正确的就业观，不仅有助于大学生正确择业求职，而且有利于其参加工作后在工作岗位上顺利施展才华。

就业观是人生观的重要组成部分，它的形成是随着择业主体的成长逐渐形成的。择业主体的世界观、人生观、价值观及其兴趣爱好、认知结构、专业知识等都对其就业观的形成具有重要的影响。

就业观包括三个基本要素：第一，要能维持生活；第二，要在职业发展中不断自我成长、自我完善；第三，在工作中承担应尽的社会服务，服务于社会。正确的就业观是把三个基本要素统一起来，以承担社会义务作为主导方向。

为了帮助大学生树立正确的就业观，可以从以下三个方面着手。

1. 积极主动找市场，多渠道竞争就业

作为刚刚从象牙塔中走出的学子，大学生往往容易将现实想象得过于美好，其实社会现实生活往往与我们的主观愿望存在着一定的差距。在面临就业选择时，大学生应该顺时调整自己的就业观，使其在发展变化中不断完善，不断补充，从而帮助自己主动积极地适应社会，而不是守株待兔，消极地等待。

2. 正确认识自己，实事求是地择业

大学生如果能正确地进行自我认识和评价，才可能合理地取舍择业条件，从而实现顺利就业。人贵有自知之明，大学生既要明确自己的强项，也要知道自己的弱项。"我能干什么？"是求职前必须回答清楚的问题。

最好的职业是最适合自己的职业。服从社会需求、岗位需要与充分发挥个人优势、能力并不矛盾。在当前的就业形势下，大学生选择就业岗位必须建立在主观愿望与客观实际相符合的基础上，如果脱离客观现实的需要，单凭自己的一腔热情，理想就可能变成空想。

3. 先就业，后择业

由于大学生大多缺乏丰富的社会实践经验，在就业时对自我期待过高，毕业后面对激烈的竞争环境以及理想职业与现实职业的冲突，可能会对职业发展前景感到悲观失望，对自己实现职业理想的能力产生怀疑。其实，大学生毕业后的前两年属于职业探索期，理想和现实发生冲突是极为正常的现象，同学们不要幻想第一次选择的就业岗位或从事的工作是完完全全符合自己理想的，在就业机会到来时，不要犹豫不定，应"先就业，后择业"，在就业初期积累经验，调整职业期待，提升自身素质，为未来实现职业理想寻求机会。

(三)心理素质与积极的就业心理

加强对大学生就业心理素质的培养有助于帮助大学生树立正确的就业观，增强大学生面对就业困难的心理承受力，提高大学生的就业信心和能力，有效舒缓就业压力，使大学生能够在激烈的竞争中顺利就业。大学生作为国家未来发展的希望，担负着促进祖国兴旺的重任。因此，解决大学生因就业心理素质不强导致其出现就业心理问题就显得颇为重要。

大学生就业健康心理的培养离不开社会各界的支持与配合。对政府部门而言，也可通过出台相应的保护政策并贯彻落实的方式，去助力大学生"就业难"问题的解决。对于高校而言，需结合实际情况去有效地开展就业指导工作，针对不同专业的学生，制订行之有效的就业指导计划。对大学生而言，既要不断增强自己的专业能力，提高自身的道德素养，也要树立积极的就业意识和正确的就业观，在日常学习生活中注重实践能力的积累以及综合素养的提升。面对挫折和困难时，要有冷静平稳的心态，认真分析原因和总结经验，凭借自己的专业能力与积极乐观的心态实现成功就业。

二、心理素质对大学生择业的影响

(一)心理素质与科学的择业观

"实现人的全面而自由发展"是大学生择业的最高价值准则。"人的自由全面发展"是贯穿于整个马克思主义理论体系的灵魂，也是马克思毕生追求的崇高理想。马克思指出，人们认识世界和改造世界的实践活动都属于职业活动。在职业生产过程中，人的个性得到解放，自由得到充分发展，最终达成人的全面而自由发展。其次，人的主观能动性的发挥是大学生择业的逻辑起点。人选择职业并不是神灵的安排，而是人作为社会存在发挥主观能动性进行的选择。在职业生产中，人既创造了自身生存发展所必需的物质条件，也实现了尊重、自我实现等高层次需求，进而推动社会的进步与发展。再次，充分考量自身所处的社会关系是大学生择业的基本原则。马克思在《关于费尔巴哈的提纲》一文中曾经谈到，"人是一切社会关系的总和"。因此，大学生在选择职业时，必须要认清自己所处的社会关系，进而去选择最能推动社会发展、最能满足人民群众根本利益的高尚职业。只有这样，我们才能发自内心地去热爱所选择的职业，攻坚克难，为人类社会创造更多的物质财富和精神财富。最后，为人类谋幸福是大学生择业的终极目标。马克思在《青年在选择职业时的考虑》一文中集中阐释了择业的价值导向，即"为了谁"这一根本问题。在马克思看来，任何职业只是分工不同，归根到底都是创造财富的一种手段。当人们选择职业时，要将"人类的幸福"和"自身的完美"结合起来，选择最能为人类谋幸福的职业。只有这样的职业才是最能经得住历史和人民考验的职业。

美国心理学家亚伯拉罕·马斯洛提出了著名的自我实现理论，这是心理学"第三思潮"人本主义心理学的主要理论之一。在马斯洛的需要层级金字塔上，自我实现位于塔尖。马斯洛认为，自我实现是人的机体潜能发挥的一种内驱力，是人的本性中的一种创造性倾向，也就是一个人能够成为什么，他就必须成为什么，他必须忠于自己的本性。因此，自我实现本质上就是个体充分发挥自身潜能，充分把握和认可自身本性，永无止境地趋向自身的统一、整合和和谐。

追求自我实现需要个体发展真实的自我，发展现有的或潜在的能力，在大学生建立科学择业观的过程中贯穿始终。因此，大学生只有具备良好的心理素质，具备面对成长和挑战的勇气与信心，才能发挥潜能。

(二)如何建立科学的择业观

新时代，大学生应始终坚持马克思青年择业观，深刻把握择业对于实现人的全面自由发展、促进人类社会发展进步的重要作用，并结合我国现实国情，将新时代马克思青年择业观贯彻落实到社会主义现代化强国建设的全过程。

引导新时代大学生树立崇高的理想信念。理想信念是引领大学生坚持不懈追求梦想的价值遵循，是激励大学生超越自我实现目标的精神动力。当前，中国社会主要矛盾已经转化为人民日益增长的美好生活需要和不平衡不充分的发展之间的矛盾。面对新形势、新使命、新任务，大学生要始终坚持以马克思青年择业观为指导，以服务人民群众为最高择业准则，坚定社会主义和共产主义理想信念，以维护国家和人民利益为第一要务，以满足人民群众的美好生活需求为职业实践的最终目的，将人生理想置于新时代中国特色社会主义伟大事业的发展进程中，将实现个人价值与服务社会、报效祖国的社会价值有机统一起来，将人生理想置于新时代中国特色社会主义伟大事业的发展进程中，做新时代的奋斗者。

引领新时代大学生实现全面自由发展。实现人的自由而全面发展，既是马克思主义哲学的终极价值目标，也是马克思青年择业观的最高价值准则。这里所谓的人的全面而自由发展，是人的能力、需求、社会关系等方面的全方位发展。青年时期是人生的"拔节孕穗期"，正处在人生"系扣子"的阶段。科学的世界观、人生观和价值观是青年实现自身价值和社会价值的充分必要条件，高尚的道德情操、优秀的道德品质是成就伟大事业的基石和保障。新时代大学生要深入学习马克思主义理论，建构科学的价值观和方法论，树立坚定的政治信仰和理论素养。坚持不懈地批判历史虚无主义等错误思想，学会正确处理共同理想与最高理想的辩证关系，将个人的职业理想、人生理想融入中国特色社会主义共同理想中。而职业实践是大学生认识世界和改造世界的基本手段和重要途径。大学生要积极投身职业实践活动，在实践中学真知、悟真谛，不断积累人生经验和社会阅历。在实践中认知国情，了解社情，体验民情，将爱国情、强国志转化为自觉的报国行。通过实践解决生产生活中的实际问题，不断提升自身的能力素质。在此基础上，提升大学生的职业荣誉感、职业成就感和职业获得感，不断满足更高层次的精神需求，最终实现自身的全面发展。

三、大学生应具备的就业心理素质

(一)心理资本

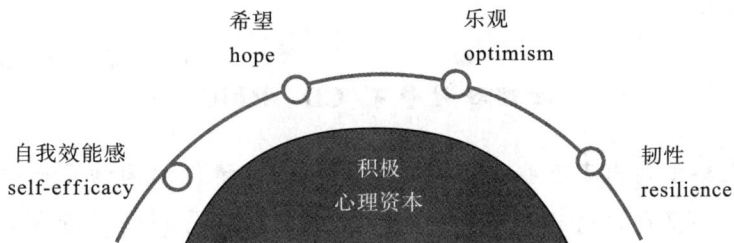

图 4-1 积极心理资本示意图

积极的心理资本指个人可发展的积极的心理状态，包含四个维度：自我效能感(self-efficacy)，有信心呈现和投入必要的努力以完成挑战性的工作；希望(hope)，为了成功朝着预定的目标坚韧不拔地前进；乐观(optimism)，把积极的事件归因于内部、持久、普遍深入的原因；韧性(resilience)，当面临困难和危机时，持续保持韧劲并从中迅速恢复，甚至摆脱困难走向成功。

大学生的积极心理资本水平越高，其就业压力就越低。积极心理资本在大学生择业时能发挥重要作用，既有助于提升就业竞争力、增加就业机会，又可以缓解就业压力。有研究发现积极心理资本的自我效能和希望维度对大学生就业压力具有良好的负向预测作用，韧性对大学生就业压力具有正向预测作用，乐观对大学生就业压力无明显预测作用。

(二)心理弹性

心理弹性是个体面对逆境时仍能克服困难并积极适应的良好心理品质，影响心理弹性的因素主要包括以下几个方面。一是个体方面(包括个体的计划能力、对韧性的自我界定、对经历的认知—情感加工)；二是生活环境方面(包括生活转折点、支持性的家庭关系)；三是遗传与环境的关系。

大学生在面临就业压力时，可以通过提升自己的心理弹性来缓解压力感受，从而更好地做好就业准备。一项有关批评团体辅导提高心理韧性的研究表明，适当理性的批评可以帮助个体提高心理弹性。即使我们需要经历一定挫折，且这个过程很痛苦，但是它确实可以使人成长。大学生还可以通过一些课程、训练来提高个体的心理弹性，例如心理团体辅导，高校可以以提高心理弹性为主题，设计心理辅导方案，组织相应心理课或是心理活动。有研究表明武术散打运动可以提高青少年的心理弹性，高校可以设置相关体育课程，组织相应的训练活动，帮助学生强身健体、宣泄情绪和提高心理弹性。

课堂拓展

心理弹性量表(CD-RISC)

以下表格中列出了有些人可能会有的问题，请仔细阅读每一个题目，然后根据最近一星期以内的实际感觉，对下述问题进行判断，请在5个方格中选择一项，符合的画一个"√"。

题目	从来不	很少	有时	经常	一直如此
1. 我能适应变化。					
2. 我有亲密、安全的关系。					
3. 有时，命运能帮忙。					

题目	从来不	很少	有时	经常	一直如此
4. 无论发生什么我都能应对。					
5. 过去的成功让我有信心面对挑战。					
6. 我能看到事情幽默的一面。					
7. 应对压力使我感到有力量。					
8. 经历艰难或疾病后，我往往会很快恢复。					
9. 事情发生总是有原因的。					
10. 无论结果怎样，我都会尽自己最大努力。					
11. 我能实现自己的目标。					
12. 当事情看起来没什么希望时，我不会轻易放弃。					
13. 我知道去哪里寻求帮助。					
14. 在压力下，我能够集中注意力并清晰思考。					
15. 我喜欢在解决问题时起带头作用。					
16. 我不会因失败而气馁。					
17. 我认为自己是个强有力的人。					
18. 我能做出不寻常的或艰难的决定。					
19. 我能处理不快乐的情绪。					
20. 我不得不按照预感行事。					
21. 我有强烈的目的感。					
22. 我感觉能掌控自己的生活。					
23. 我喜欢挑战。					
24. 我努力工作以达成目标。					
25. 我对自己的成绩感到骄傲。					

每个题目选择"从来不"得 0 分，选择"很少"得 1 分，选择"有时"得 2 分，选择"经常"得 3 分，选择"一直如此"得 4 分。得分累加，60 分以下为心理弹性水平较差；61～69 为心理弹性水平一般；70～79 为心理弹性水平良好；80分以上为心理弹性水平优秀。

▶ 第三节　大学生职场情商培养
——把握迈进职场"黄金期"

一、职场情商的含义

(一)情商的基本含义

情商即情感商数(Emotional Intelligence Quotient，EQ)，又称为"情绪智力"(Emotional Intelligence)或"情感智商"(Emotional Quotient)，是近年来心理学家提出的与智力和智商相对应的概念。它主要是指人在情绪、情感、意志、耐受挫折等方面的品质。它是一个人感受、理解、控制、运用和表达自己及他人情感的能力，是情绪、情感商数的简称，也是情绪评定的量度。

美国心理学家丹尼尔·戈尔曼在以往众多心理学理论的基础上，提出了一种新的理论。该理论认为，有一组品质跟个人的智商基本上没有关系，但是这种品质可以得到很好的培养，可以对个人的幸福和事业的成功产生惊人的效果。他把这组品质叫作"情商"。戈尔曼认为，利用智力测验或标准化的成就测验来衡量一个人的智力，并预测其未来的成败，实际上比不上利用情绪的特质来衡量它更具有意义。1995年他的《情商：为什么情商比智商更重要》一书一经出版，在全球掀起了一股强劲的旋风，亦使得情绪智商(EQ)一词变成流行词。戈尔曼在这部书中论述的是 Emotional Intelligence，即"情绪智力"，但其书名却以两个大写字母 EQ 冠之，其用意就是要人们的注意力从IQ(Intelligence Quotient，智商)转移到 EQ 上来。他认为，人们首先要认识情商的重要性，改变过去只重视智商，认为高智商就等于高成就的传统观念。

他通过科学论证得出结论："情商是人类最重要的生存能力"，人一生的成就至多20％可归于智商，另外80％则要受其他因素(尤其是情商)的影响。戈尔曼认为影响组织领导成败的关键因素在于领导能力的情商技巧。在任何人类团体中，领导人都具备影响别人情绪的最大力量，而只有最杰出的领导人，才能体会到情绪在工作场合扮演重要的角色，不仅可以达到提升企业成果、留住人才等有形的收获，还有许多重要的无形收获，如提高团队成员士气、冲劲及责任感等。

情商属于发展心理学范畴。有趣的是，即使是"情商之父"，戈尔曼在《情商：为什么情商比智商更重要》一书中也没有论述情商的准确定义（指抽象定义）。这也说明情商仍然是现代心理学中的一个新名词，其定义仍处于不断更新、不断进步的过程中。戈尔曼本人在为该书十周年纪念版作序时提到：他本人认为情智（Emotional Intelligence，EI）作为情绪智力的简称，比用情商（EQ）更为准确。但是，情商的概念在全球已深入人心。在全球的教育领域，由于有关"社会情绪能力学习"（Social and Emotional Learing，SEL）的研究正在不断深入，相关学者一般将 SEL 等同于"情商训练、情商学习"，因此，情商也逐渐发展成为一个与智商对应的商业化名词。

（二）情商的重要价值

罗斯福被认为是"智力一般，但极具人格魅力"。他之所以能当上美国总统，带领美国走出经济大萧条，成为第二次世界大战最大的赢家，与他积极乐观的性格有着极大的关系。在罗斯福走向成功的过程中，真诚、坚强、富于人情味等情感因素起到了非常典型的作用。情商中的各项能力在他身上得到了近乎完美的体现。

这样的案例还有很多，在这些案例中人们发现，人生的成功有时非智力因素（尤其是情商）比智商更重要。虽说智商起到很大的作用，但并非起到决定性作用。过去人们太注重智商的作用而忽视非智力因素，从而抹杀了人的后天努力和发展，对人才的培养有很大的误导。其中应试教育就是一个典型的例子。由于应试教育只注重智商的考评和培养，导致学生、家长和老师一门心思只看学习成绩，所以常常有老师心目中的"差生"到了社会上反而比优等生更成功。这些学生虽然智力因素不被老师认可，但是因为他们自己注重培养和磨砺非智力因素，出乎人们意料地会比平时大家都很认可的高智商同学更有成就。

（三）情商的主要内容

1. 情商的物质基础

人的感情到底是什么，它是怎么产生的？人们只知道它是一种心理现象、精神现象，至于它是怎么产生的、本质是什么，并不清楚。而戈尔曼与沙皮罗引用新的科学发现，指明了感情的物质基础，即"人的感情变化是一种化学反应过程"。由于大脑皮层的作用，在人们情绪好的时候，脑内可以产生一种叫"血清素"的物质，它可以调控周身，保持人的情感平衡，使人乐观、温和、善良；而当血清素减少时，容易导致人精神失控，产生急躁、冲动、粗暴、不容忍等行为。这种化学物质与人的情感是相互作用的。

2. 情商的能力因素

与智商测试相比，对情商高低的判定并没有统一的量化标准。戈尔曼在其著作《情绪智力》一书中对情商进行的五个方面的概括，可以作为我们衡量情商的大致标准。

（1）自我意识。自我意识指了解自身情绪，知道自己当下的情感以及情感的缘由，也就是自我察觉认识自身的情绪。了解产生情绪的原因，也就是对自己的情绪变化有比较清楚的了解，如恼怒时能马上意识到自己的失态。认识情绪的本质是情商的基石，这种随时随地认知自身感觉的能力对于了解自身非常重要。因为只有认识自己，才能很好地控制自己的言行，才能成为自己生活的主宰，否则必然会沦为感觉的奴隶。

（2）自我调节。自我调节指情绪的自我管理，能妥善管理自己的情绪，即使碰到了困难，也能控制自己的情绪。自我调节就是能够安抚自己，摆脱强烈的焦虑、忧郁、恐惧情绪，控制情绪的根源，尤其在坏心情不期而至时，人们能很快冷静下来，甚至从另一个积极的角度重新审视自己。情绪管理必须建立在自我认知的基础上，这方面能力较差的人常受低落情绪的困扰，而能控制自身情绪的人则能很快走出命运的低谷，重新奔向新的目标。

（3）自我激励。自我激励指面对挫折能坚持不懈解决问题。这就是要求大学生面对任何困境都能及时地调整情绪，朝着一定的目标继续努力。它能够使人走出生命中的低潮，重新出发，前进时富有激情和目标，摔倒时很快爬起来。自我激励包含两方面的意思：通过自我鞭策保持对学习和工作的高度热忱，这是一切成就的动力；通过自我约束以克制冲动和延迟满足，这是获得任何成就的保证。

（4）同理心。同理心指能认识他人情感或识别他人情绪。人际交往能达到互动，最根本的因素就是能够察言观色，清楚地了解别人的情绪，理解别人的感受，察觉别人的真正需要，具有同情心理。这也是与他人正常交往、实现顺利沟通的基础，实际上就是觉察并理解他人情绪，能想人所想、忧人所忧。戈尔曼用同理心（即设身处地理解他人情绪）来概括这种心理能力。可见，同理心是同情、关怀与利他主义的基础，具有同理心的人才能掌握人际交往的金钥匙。

(5)社交技能。社交技能指通过倾听，理解和欣赏他人的感受，与人和睦相处，处理人际关系，也即人际关系的管理。马克思说过，人是社会关系的总和，人离开别人而独自生活会困难重重。而人际关系的管理是需要技巧的。比如第一次就记牢别人的名字，而且再次相见要第一时间叫出他的名字，就容易被别人接受。在建立人际关系的同时，还要恰当地管理他人的情绪，这是处理好人际关系的一种很重要的艺术。一个人这方面的能力强意味着他的人际关系和谐（人缘好），适合从事组织领导工作。显然，这种能力要以同理心为基础。

在这五个方面中，前三个方面只涉及"自身"——是对自身情绪的认识、管理、激励与约束；后两个方面则涉及"他人"——要设身处地理解他人情绪，并通过妥善处理他人情绪来达到人际关系和谐的目的。换句话说，情商的基本内涵实际上包括两个部分：第一部分是要随时随地认识、理解并妥善管理好自身的情绪；第二部分是要随时随地认识、理解并妥善处理好他人的情绪。

课堂拓展·

情商测试

以下是欧洲流行的测试题，可口可乐公司、麦当劳公司、诺基亚公司等众多企业，都曾以此作为员工情商测试的模板，帮助员工了解自己的情商状况。测试共33题，请根据自己平时的反应选择答案，不要刻意，这样成绩才能真实有效。

第1-9题：请从下列的问题中，选择一个和自己最切合的答案，但要尽可能少选中性答案	
题目	选项
1. 我有能力克服各种困难	A. 是的 B. 不一定 C. 不是的
2. 如果我能到一个新的环境，我要把生活安排得	A. 和从前相仿 B. 不一定 C. 和从前不一样
3. 一生中，我觉得自己能达到我所预想的目标	A. 是的 B. 不一定 C. 不是的
4. 不知为什么，有些人总是回避或冷淡我	A. 不是的 B. 不一定 C. 是的
5. 在大街上，我常常避开我不愿打招呼的人	A. 从未如此 B. 偶尔如此 C. 有时如此

续表

	A. 我仍能专心工作
6. 当我集中精力工作时，有人在旁边高谈阔论	B. 介于A、C之间
	C. 我不能专心且感到愤怒
7. 我不论到什么地方，都能清楚地辨别方向	A. 是的 B. 不一定 C. 不是的
8. 我热爱所学的专业和所从事的工作	A. 是的 B. 不一定 C. 不是的
9. 气候的变化不会影响我的情绪	A. 是的 B. 介于A、C之间 C. 不是的

第10—16题：请如实回答下列问题

题目	选项
10. 我从不因流言蜚语而生气	A. 是的 B. 介于A、C之间 C. 不是的
11. 我善于控制自己的面部表情	A. 是的 B. 不太确定 C. 不是的
12. 在就寝时，我常常	A. 极易入睡 B. 介于A、C之间 C. 不易入睡
13. 有人侵扰我时，我	A. 不露声色 B. 介于A、C之间 C. 大声抗议，以泄己愤
14. 在和人争辩或工作出现失误后，我常常感到震颤、精疲力竭，而不能继续安心工作	A. 不是的 B. 介于A、C之间 C. 是的
15. 我常常被一些无谓的小事困扰	A. 不是的 B. 介于A、C之间 C. 是的
16. 我宁愿住在僻静的郊区，也不愿住在嘈杂的市区	A. 不是的 B. 不太确定 C. 是的

第17—25题：在下列的问题中，请选择一个和自己最切合的答案，同样少选中性答案

题目	选项
17. 我被朋友、同事起过绰号、挖苦过	A. 从来没有 B. 偶尔有过 C. 这是常有的事
18. 有一种食物使我吃后呕吐	A. 没有 B. 记不清 C. 有
19. 除去看见的世界外，我的心中没有另外的世界	A. 没有 B. 记不清 C. 有
20. 我会想到若干年后有什么使自己极为不安的事	A. 从来没有想过 B. 偶尔想到过 C. 经常想到
21. 我常常觉得自己的家人对自己不好，但是我又确切地知道他们的确对我很好	A. 否 B. 说不清楚 C. 是

22. 每天我一回家就立刻把门关上	A. 否　B. 不清楚　C. 是
23. 我坐在小房间里把门关上，但我仍觉得心里不安	A. 否　B. 偶尔　C. 是
24. 当一件事需要我作决定时，我常觉得很难	A. 否　B. 偶尔　C. 是
25. 我常常用抛硬币、翻纸、抽签之类的游戏来预测凶吉	A. 否　B. 偶尔　C. 是

第 26—29 题：请如实回答下面各题，在选择的答案下打"√"

题目	是	否
26. 为了工作我早出晚归，早晨起床我常常感到疲惫不堪		
27. 在某种心境下，我会因为困惑陷入空想，将工作搁置下来		
28. 我的神经脆弱，稍有刺激就会战栗		
29. 睡梦中，我常常被噩梦惊醒		

第 30—33 题：本组测试共 4 题，每题有 5 种答案，请选择与自己最切合的答案，在选择的答案下打"√"

题目	从不	几乎不	一半时间	大多数时间	总是
30. 工作中我愿意挑战艰巨的任务					
31. 我常发现别人好的意愿					
32. 我能听取不同的意见，包括对自己的批评					
33. 我时常勉励自己，对未来充满希望					

【评分标准】

计分时请按照记分标准，先算出各部分得分，最后将几部分得分相加，得到的分值即你的最终得分。评分标准如下。

第 1～9 题：A 得 6 分，B 得 3 分，C 得 0 分。共计_____分。

第 10～16 题：A 得 5 分，B 得 2 分，C 得 0 分。共计_____分。

第 17～25 题：A 得 5 分，B 得 2 分，C 得 0 分。共计_____分。

第 26～29 题："是"得 0 分，"否"得 5 分。共计_____分。

第 30～33 题：从左至右分数分别为 1 分、2 分、3 分、4 分、5 分。共计_____分。

◆ 测试后如果你的得分在 90 分以下，说明你的情商较低，常常不能控制自己，极易被自己的情绪所影响，容易被激怒、发脾气，这是非常危险的信号，你的事业可能会毁于你的急躁。对此，最好的解决办法是能够给不好的东西一个好的解释，保持头脑冷静，使自己心情开朗。正如富兰克林所说："任何人生气都是有理的，但很少有令人信服的理由。"

◆ 如果你的得分在 90～129 分，说明你的情商一般，对于一件事，你不同时候的表现可能不一，这与你的意识有关，你比前者更具有情商意识，但这种意识不是常常都有，因此需要多加注意、时时提醒。

◆ 如果你的得分在 130～149 分，说明你的情商较高，你是一个快乐的人，不易恐惧担忧，对于工作热情投入、敢于负责，为人正直，具有同情心，这是你的优点，应该努力保持。

◆ 如果你的得分在 150 分以上，那么你就是一个情商高手，你的情绪智力是你事业成功的一个重要前提条件。

正如大家所看到的，这个测试只是帮助人们了解自己哪些方面的情商较高，哪些方面需要进一步努力。

二、职场情商的重要性

(一)职场情商

著名成功学家卡耐基曾经说过，成功的因素中专业技能占 15%，为人处世的能力占 85%，也就是说，在现代社会，情商对成功起着决定性的作用。情商对于每一个人来说都至关重要，一个拥有良好情商的人不仅能承受各种心理压力，而且能坦然面对竞争，创造成功的机会。

人活于世靠的是职业，我们花很长时间学习的是职业生涯中所需的赖以生存的技能、技巧和专长。那么拥有高智商是否就会获得理想的职业并获得相应的成功呢？

有心理学家对美国生存背景较差的 450 名男孩做了追踪调查，他们大多来自移民家庭。其中有 1/3 的孩子其家庭领取社会救济，大部分人住在贫民窟；有 1/3 的孩子其智商低于 90；而智商低于 80 的人中，有 7% 的人失业 10 年以上；而智商超过 100 的人中，失业 10 年以上的同样是 7%。研究发现，智商的高低与其所取得的成就不成正比。

根据相关调查，用人单位在关注应聘者的智商的同时，更注重测试其工作热情、工作主动性、工作责任心、人际交往能力以及再学习能力。不少用人单位都有一套测试求职者情商的方法，在历年的各级公务员考试中也都增加了有关情商的内容，这对大学毕业生正确地进行职业选择和成功应聘有很大的影响。可见，情商在职场中受到相当大程度的重视。

(二)情商对职业发展的影响

有研究指出真正决定一个人成功与否的关键是情商能力，而不是智商能力。例如，一个智商很高的人可以成为一名出色的会计师，但只有智商和情商都很高的人才可能成为一个公司的高级主管；一个智商能力高的人可以成为一个研究婚姻问题的心理学家，而一个情商能力高的人才能营造美满的婚姻。长期以来，"智商"这个概念是我们评判一个人是否成功的重要标准，可事实上，有不少出自名校的"高才生"在职场中的表现并不尽如人意，而许多职场成功人士也并非出自名校。因此人们开始思考，到底是什么左右了人在职场的成功？李开复曾说过："我看过一篇文章，该文的作者调查了188个公司，他用心理学方法测试了这些公司里每一名员工的智商和情商，并将测试结果和该员工在工作上的表现联系在一起进行分析。经过研究，该文的作者发现，在对个人工作业绩的影响方面，情商的影响力是智商的两倍。此外，他还专门对公司中的高级管理者进行了分析。他发现在高级管理者中，情商对个人成败的影响力是智商的九倍。"从理论上讲，情商是一种发掘情感潜能、运用情感的能力，它影响生活的各个层面和人生未来发展的品质。一般而言，职业情商高的人表现为：职场社交能力强，外向而愉快，不易陷入恐惧或伤感，对事业较投入；为人正直，富有同情心，情感生活较丰富但不逾矩，无论独处还是与众人在一起都能怡然自得，职场人际关系和谐，事业心强，团队意识强，工作成绩也好。由此可以看出，职业情商对一个人职业发展有很大的促进作用。一个人步入职场后，他的身份、地位、经济状况都发生了变化，他的职业又在很大程度上决定了他在社会中的地位。在个体智商都相差不大的情况下，一个人要想在职场中获得成功，情商的作用就显得尤为重要。

三、大学生提高职场情商的法则

(一)对自己和职场因素要有一个清晰的认识

一年之计在于春，一天之计在于晨。哲学家苏格拉底曾经说过："人啊，你要认识自己！"孔子也曾有这样一句哲言："知人者智，自知者明，胜人者力，自胜者强。"大学生要先全面地了解自己，对未来有一个清晰的认识和合理科学的规划。在步入职场之前要做足全方位的准备工作，要对自己有一个全面的分析，对未来的职业进行科学规划。如果在职业准备期对自己没有一个清晰的认识，盲目地进入与自身不相匹配的职业领域，到中途想退出重新做选择时，就如同身陷泥潭，动弹不得。没做职场预期规划，尤其是缺乏人际关系的修炼，就难以处理好与上司、同事之间的关系，就难以立身于职场。

(二)不断培养提升职业人际关系的管理能力

人际关系的管理能力包括在社会交往中的影响力，倾听与沟通的能力，处理冲突的能力，建立关系、合作与协调的能力，说服与影响的能力，等等。这是一个人社会适应能力的表现，是一个人成功的重要条件。大学生要提升自己的职业人际关系的管理能力要做到以下几方面。

1. 人际交往中要遵守一定的原则

只有当我们知道了待人接物的尺度时，我们在各种场合才会落落大方、自信满满，让彼此处于非常舒适、安全的范围内。在人际交往中我们要遵循以下 3 条原则。

(1)平等互敬。交往的首要原则就是平等互敬。平等是交往的基础，既不要因工作时间短、经验不足、经济条件差而自卑，也不要因为自己是大学毕业生、年轻、美貌而趾高气扬。无论是公务还是私交，人都没有高低贵贱之分，要以朋友的身份进行交往，才能深交。

(2)互相包容。互相包容可理解为心理相容，即人与人之间的关系融洽。要做到主动广交朋友，既要接纳性格脾气相投的，又要善于与不同类型的人交往，求同存异、互学互补、处理好竞争与相容的关系，体现出与人相处时的容纳、宽容以及忍让。

(3)互惠原则。人际交往是一种双向行为，故有"来而不往非礼也"之说，只有单方获得好处的人际交往是不能长久的。必须让双方都受益，不仅是物质的，还有精神的，交往双方都要讲付出和奉献。

2. 提升职业人际关系

提升职业人际关系的方法有以下几种。

(1)善于豁达待人。待人处世要大方得体，不要斤斤计较、因小失大。豁达并非糊涂、愚蠢，而是有博大的胸襟与恢宏的气度，它不仅是一种处世之道，也是一种人生态度。只有胸怀大志者才有大的气魄。一个人为多大的事情发怒，他的心胸就有多大，要想成就事业，必须豁达待人。

（2）学会沟通。沟通是和谐的人际关系的助手，良好的沟通建立在拥有较高情商之上。拥有高情商的人自省能力强，善于用流畅的语言和得体的动作表达自己的情绪，在与人交往时他们很会利用沟通技巧解除人与人之间的误解，达到双方关系融洽的效果。

（3）学会称赞别人。心理学家威廉姆·杰尔说过："人性最深切的需求就是渴望别人的欣赏。"在与人交往中，恰到好处的赞美不仅让你倍感友善、和睦，还会增加你在对方心里的分量和好感。任何人都有人生价值被肯定的心理需求，被人肯定会获得一种成就感。丘吉尔曾经说过这样一句话："你要别人具有怎样的优点，你就要怎样去赞美他。"因此在生活和工作中，我们应少点批评、责难和埋怨，多点让人感到温暖的赞美。

（4）学会倾听和说话。倾听是最好的沟通方式，沟通不一定是说服对方，而是真正理解对方的想法。说话前一定要三思，不能居高临下，切勿信口开河，更不要长篇大论，不顾别人的感受而只顾说自己感兴趣的话题。同时还要有掌控说话氛围的能力，学会幽默。总之，会说话是高情商的重要标志之一。

（5）突破交往舒适区。所谓交往舒适区是指人们都习惯同自己脾气相投的人交往，这原是无可非议的，但人在职场，不仅要同你喜欢的人打交道，更要善于同你不喜欢的人打交道。因为你喜欢的人永远是你的支持者，而你不喜欢的人，同样也不喜欢你，他（她）可能是你职场上的对手，要想获取职场成功必须学会与这些人交往，突破交往舒适区。在人际交往的过程中，大学生要做到与不同类型的人进行交往，这样才能从根本上改善在职场的人际关系。

（6）学会低调做人。所谓低调做人，就是用平和的心态来看待一切，就是不卷入是非，不招人嫌，不招人嫉；也就是在自己显赫时做到不骄不躁，即使自己满腹才华，能力比别人强，也要放低姿态。这样可以使自己融入团队，与人和谐相处，在不显山不露水中成就事业。

总之，职业情商是个人职业发展的关键因素。提高情商的途径与智商不同，智商可以通过学习和积累来提高，而提高情商需要的是修炼，需要长期坚持，可以通过心态、习惯的修炼去实现，从而使自己在职场中如鱼得水，为自己的职业发展创造更多的机遇。尤其对于初入职场的大学生而言，掌握了职场情商的提升技巧，也就迈进职场"黄金期"的大门了。

第五章 新建地方本科高校毕业生就业去向与方式

▶ 第一节 新建地方本科高校毕业生就业主要去向

一、公务员、事业单位

随着就业竞争加剧，求稳是大多数高校毕业生就业时考虑的主要因素。公务员、事业单位等较为稳定的工作成为大学生毕业时的首选工作。但事实上，公务员、事业单位等因受编制等的严格限制，加上心之向往的大学生也越来越多，所以竞争也变得越来越激烈，最终能够被顺利录取的只是少数。因此，有准备此类就业计划的大学生一定要提早准备、全方位了解、全力以赴，以便能够顺利上岸。

(一)公务员考试

公务员考试是公务员主管部门组织录用担任一级主任科员以下及其他相当职级层次的公务员录用考试。《中华人民共和国公务员法》规定录用担任一级主任科员以下及其他相当职级层次的公务员，采取公开考试、严格考察、平等竞争、择优录取的办法。民族自治地方依照前款规定录用公务员时，依照法律和有关规定对少数民族报考者予以适当照顾。中央机关及其直属机构公务员的录用，由中央公务员主管部门负责组织。地方各级机关公务员的录用，由省级公务员主管部门负责组织，必要时省级公务员主管部门可以授权设区的市级公务员主管部门组织。公务员考试有下半年中央、国家公务员考试与上半年地方公务员考试两场，主要区别如表 5-1 所示。

表 5 - 1　国家公务员考试与地方公务员考试的区别

类别	组织单位	招录单位	招考对象	地域范围
国家公务员考试	中共中央组织部、人力资源与社会保障部、国家公务员局	属于中央考录序列，包括中央党群机关、中央国家行政机关直属机构和派出机构、国务院系统参照公务员法管理事业单位	符合条件的全国各省(区、市)居民均可报考，除极个别职位外，大部分无户籍限制	面向全国举行
地方公务员考试	各省(区、市)委组织部、各省(区、市)人力资源和社会保障厅，各省(区、市)公务员局	属于地方考录序列，包括各省(区、市)党群机关、行政机关、行政机关直属机构和派出机构、参照公务员法管理事业单位	部分省(区、市)有户籍限制	在本省(区、市)范围内举行考试

1. 公务员报考条件

(1)具有中华人民共和国国籍。

(2)十八周岁以上、三十五周岁以下，应届毕业硕士研究生和博士研究生(非在职)年龄可放宽到四十周岁以下。

(3)拥护中华人民共和国宪法，拥护中国共产党领导的社会主义制度。

(4)具有良好的政治素质和道德品行。

(5)具有正常履行职责的身体条件和心理素质。

(6)具有符合职位要求的工作能力。

(7)具有大专以上文化程度。

(8)省级以上公务员主管部门规定的拟任职位所要求的资格条件。

(9)法律、法规规定的其他条件。

2. 公务员报考流程

(1)浏览报考信息。重点关注考试公告、考试大纲、职位条件一览表三份重要文件。

(2)选定职位。由于公务员考试报名资格审核十分严格，如果在专业、报考资格上有疑义，报考前最好能直接电话咨询所报单位，以免出现审核不通过错失报考机会等情况。

(3)开始网报。登录网报网站及页面—填写报名信息并上传照片—等待审核—审核通过后网上缴费—报名成功。当下大多数地区均采取网上报名，并在网上直接打印准考证，现场确认报名的方式。

3. 公务员考试录用流程

各个地方的考试科目都是由地方自定的，一般都有笔试和面试。笔试科目各有不同，北京、山东、浙江、上海和广东等省的笔试科目为"行政职业能力测验"和"申论"。要报地方公务员考试的同学要注意查阅当地政府公布的招考简章，以便有针对性地进行复习。当下就公务员考试改革的趋势来看，公务员考试倾向于向考"行政职业能力测验"和"申论"两科靠拢。

（1）笔试。中央、国家机关的公务员考试包括笔试（公共科目、专业科目）和面试，以前公共科目笔试按 A、B 类职位分别进行。A 类职位笔试公共科目为"行政职业能力测验"（A）和"申论"；B 类职位笔试公共科目为"行政职业能力测验"（B）；专业科目笔试和面试时间由招考部门自行通知。从 2006 年开始，A、B 类都要考一样的科目，即"行政职业能力测验"和"申论"，只不过"行政职业能力测验"分别命题分为 A、B 卷。

国家公务员考试在考试内容和招录政策上有所区别，按中央机关招录职位区分为三类，即中央机关及其省级直属机构、市（地）级以下直属机构和专业性较强的部门（单位）。笔试包括公共科目和专业科目。公共科目由中央公务员主管部门统一确定，专业科目由省级以上公务员主管部门根据需要设置。

（2）面试。面试比例与计划录用人数比例一般有 3∶1、4∶1、5∶1 三种，只有通过笔试后，按录用人数与面试比例确认笔试成绩排名前几名的才有面试资格，进入面试关。

在 2014 年的公务员面试中，湖南实行省市县乡四级联考集中面试。在面试进行前的半小时，考官、考生分别"抽签"决定考场，考官 100% 异地交流。面试过程中考生不准透露自己的名字，仅交代考号。考生考完后当场宣布成绩，用公开透明的方式杜绝一切"猫腻"。

（3）体检和考察。面试和专业科目考试结束后，将按照综合成绩从高到低的顺序确定进入体检和考察的人选。

（4）录用。拟录用人员由招录机关按规定的程序和标准从考试成绩、考察情况和体检结果合格的人员中综合考虑，择优确定。

（二）事业单位考试

事业单位考试又称事业编制考试，这项工作由各用人单位的人事部门委托省级和地级市的人事厅局所属人事考试中心（事业单位，考试中心命题和组织报名、考试并交用人单位成绩名单，部分单位自行命题组织实施）。尚无全国和全省统一招考，多为市、县级统一招考。招考公告一般情况下发布在省、地级市的人事厅局所属的人事考试中心的网站上，总成绩中笔试成绩和面试成绩基本上各占一半分值，有的地方采取笔试成绩占60%、面试成绩占40%的方式计算。事业单位考试录用流程如下。

（1）个人报名。报名人员登录指定的报名网站（各地人事考试信息网），如实填写、提交相关个人信息资料。应聘人员在资格初审前多次登录填交报名信息的，后一次填报自动替换前一次填报信息。报名资格一经招聘单位初审通过，不能更改。报考人员不能用新、旧两个身份证号同时报名，报名与考试时使用的身份证必须一致。注意部分地区采取现场报名。

（2）单位初审。招聘单位指定专人负责资格初审工作，在报名期间查看本单位的网上报名情况，根据应聘人员提交的信息资料，对前一天的报名人员进行资格初审，并在网上公布初审结果。如果招聘单位在几个工作日内（各地方规定不同），未对报名人员信息进行处理，则视为初审通过。网上报名期间，招聘单位会公布咨询电话并安排专人值班，提供咨询服务。对通过资格初审的人员，招聘单位应留存应聘人员的报名信息，以供资格审查时参考。

报名人员在网上提交报考信息后，可在第二天至查询时间截止之日前登录网站，查询报名资格初审结果。通过资格初审的人员，要于规定日期前登录当地人事考试信息网，进行网上缴费，逾期不办理网上缴费手续的，视作放弃。缴费成功后，下载打印准考证（准考证一般在考前一周可以打印）。

（3）资格审查。事业单位公开招聘工作人员的资格审查工作，贯穿招聘工作的全过程。进入面试的应聘人员，在面试人员名单确定之后，须按招聘信息公布的要求，向招聘单位提交本人相关证明材料。取得面试资格的应聘人员在面试前3天仍未向招聘单位提交有关材料的，则视为弃权。经审查不具备报考条件的，经主管机关核准后，取消其面试资格。因弃权或取消资格造成的空缺，按笔试成绩依次递补。

（4）笔试。笔试考试采用百分制计算应聘人员的成绩。笔试设定最低合格分数线，由省级事业单位公开招聘主管机关根据应聘人数和考试情况确定。

（5）面试。面试在事业单位公开招聘主管机关的指导下，由招聘单位或其主管部门按备案的面试方案组织实施，面试方案的备案应在面试前一周完成。达到笔试合格分数线的应聘人员，根据招聘计划和招聘岗位由高分到低分按比例依次确定面试人选。笔试合格人数出现空缺的岗位，取消招聘计划；达不到规定招聘比例的，按实有合格人数确定。面试人选确定后，由招聘单位张榜公布并通知本人。

面试结束后，按笔试成绩和面试成绩计算应聘人员考试总成绩。笔试成绩、面试成绩、考试总成绩均计算到小数点后两位数，尾数四舍五入。根据考试总成绩，确定进入考核体检范围人选。

（6）考核体检。按照招聘岗位，根据应聘人员考试总成绩，由高分到低分确定进入考核体检范围人选，并依次等额组织体检。同一招聘计划应聘人员出现总成绩并列的，则按笔试成绩由高分到低分确定人选。对因考核、体检不合格造成的空缺，可从其他进入同一岗位考核范围的人员中依次等额递补。根据实际需要，既可先进行考核也可先组织体检。体检标准参照公务员录用体检通用标准执行，国家另有规定的从其规定。考核小组要实事求是，全面、客观、公正地评价被考核对象，并写出书面考核意见。考核、体检工作由招聘单位或其主管部门负责组织实施。

（三）公务员考试和事业单位考试的区别

公务员考试和事业单位考试有许多相似之处，如都是通过公开招考形式进行、按照成绩择优公平公开录取、录取后进入国家有关机关或部门工作。尽管二者有诸多相似之处，但也存在较多区别，二者不可混为一谈，具体见表5-2。

表5-2　公务员考试与事业单位考试的区别

区别	公务员考试	事业单位考试
发起机构	国家：中组部和人社部 地方：省、区、市委组织部和人社厅，各用人单位上报岗位需求	各用人单位的人事部门
实施机构	人社部公务员管理司，各省、区、市人社厅局所属人事考试中心	多数委托省级和地级市的人社厅局所属人事考试中心
笔试考试科目	北京市和国家均只考行测、申论，个别省有公共基础和专业课，警察招考加心理测验和体能测试	一般考公共基础知识，个别考公文写作，部分加专业测试
人事编制	公务员编制	事业单位编制

续表

区别	公务员考试	事业单位考试
招考网站	招考公告多发布在国家人社部网站，考试公告的发布网站是市人事考试网	招考公告多发布在各级地方人事、人才网站，考试公告的发布网站是各用人单位官方网站
考试举行	每年一次，各省、区、市一般每年招考一次，有的 2 次，警察招考可能单独举办	无全国招考，多为全市和县级统一招考

二、基层就业项目

新建地方本科高校以培养服务地方经济社会发展的应用型人才为主要目标，因而此类高校毕业生面向基层就业既是符合人才培养方向的必要选择，也是避开一线城市激烈就业竞争的理性考量，更是服务国家协调发展战略大方针的使命所在。当前，为了鼓励本科高校毕业生面向基层就业，国家省市地方出台了一系列优惠政策促进大学生积极就业。包括以下几个方面。

（1）对到农村基层和城市社区公益性岗位就业的，给予社会保险补贴和公益性岗位补贴；对到农村基层和城市社区其他社会管理和公共服务岗位就业的，给予薪酬或生活补贴。

（2）对到中西部地区和艰苦边远地区县以下农村基层单位就业并履行一定服务期限的，由政府补偿学费，代偿助学贷款，结合政府购买服务工作的推进，在基层特别是街道（乡镇）、社区（村）购买一批公共管理和社会服务岗位，优先用于吸纳高校毕业生就业。

（3）对有基层工作经历的，在研究生招录和事业单位选聘时优先录取，艰苦边远地区基层机关招录高校毕业生可适当放宽学历、专业等条件，降低开考比例，可设置一定数量的职位面向具有本市、县户籍或在本市、县长期生活的高校毕业生，艰苦边远地区县乡事业单位公开招聘高校毕业生可适当放宽年龄、学历、专业等条件，可以拿出一定数量岗位面向本市、本县或者周边市、县户籍人员（或者生源）招聘。

（4）乡镇事业单位招聘本科以上高校毕业生、县级事业单位招聘硕士以上高校毕业生，以及招聘行业、岗位、脱贫攻坚急需紧缺专业高校毕业生可以结合实际情况，采取面试、直接考察的方式公开招聘；可以根据应聘人员报名、专业分布等情况适当降低开考比例，或不设开考比例，划定成绩合格线。

（5）对参加"选聘高校毕业生到村任职""三支一扶"（支教、支农、支医和扶贫）、"大学生志愿服务西部计划""农村义务教育阶段学校教师特设岗位计划"等项目的，给予生活补贴，按规定参加社会保险；项目服务期满并考核合格的，报考硕士研究生初试总分加10分，高职（高专）学生可免试入读成人本科；今后相应的自然减员空岗全部聘用参加项目服务期满的高校毕业生，对到中西部地区和艰苦边远地区基层单位就业的中央部门所属高校应届毕业生实行学费补偿或国家助学贷款代偿，本专科生每人每年最高不超过12000元，研究生每人每年最高不超过16000元。本科、高职（高专）、研究生和第二学士学位毕业生补偿学费或代偿国家助学贷款的年限，分别按照国家规定的相应学制计算。每年补偿学费或代偿国家助学贷款总额的三分之一，三年代偿完毕。

（6）落实省会及以下城市放开对高校毕业生落户限制的规定，高校毕业生在基层就业可根据需要自愿迁移户口。人事档案按规定转至就业地县级人力资源社会保障部门所属公共就业和人才服务机构，或有关单位的组织人事部门。

值得注意的是，中央各有关部门主要组织实施了5个引导高校毕业生到基层就业的专门项目，包括团中央、教育部等四部门从2003年起组织实施的"大学生志愿服务西部计划"，中组部、原人事部、教育部等八部门从2006年开始组织实施的"三支一扶"（支教、支农、支医和扶贫）计划，教育部等四部门从2006年开始组织实施的"农村义务教育阶段学校教师特设岗位计划"，中组部、教育部等四部门从2008年起组织实施的"选聘高校毕业生到村任职工作"计划，从2013年起实施的大学生应征入伍服兵役，这在新建地方本科高校毕业生就业中起到的作用不容忽视。

（一）"大学生志愿服务西部计划"

"大学生志愿服务西部计划"是共青团中央、教育部根据国务院常务会议、《国务院办公厅关于做好2003年普通高等学校毕业生就业工作的通知》和2003年全国高校毕业生就业工作电视电话会议精神的要求而实施的，财政部、人社部给予相关政策、资金支持，简称"西部计划"。该项计划从2003年开始实施，按照公开招募、自愿报名、组织选拔、集中派遣的方式，每年招募一定数量的普通高等学校应届毕业生或在读研究生，到西部基层开展为期1～3年的教育、卫生、农技、扶贫等志愿服务。

　　"西部计划"按照服务内容分为基础教育、服务"三农"、医疗卫生、基层青年工作、基层社会管理、服务新疆、服务西藏 7 个专项。"西部计划"实施 20 年来，已累计派遣 46.5 万余名大学生志愿者到中西部的 2100 多个县（市、区、旗）基层服务，包括河北、山西、内蒙古、吉林、黑龙江、安徽、江西、河南、湖北、湖南、广西、海南、重庆、四川、贵州、云南、西藏、陕西、甘肃、青海、宁夏、新疆和新疆生产建设兵团。

案例延展

志愿者陈韵蓉：扎根乡土的"追梦者"①

　　作为一名民族地区的大学生，我曾是"免费午餐"的受益人。犹记得 2014 年看到了中国最美乡村教师的新闻报道时，就想成为像他们一样，对山区经济发展或者教育事业作出贡献之人。

回到家乡，当好"追梦者"

　　大学毕业时，我有个到北京私企工作的机会。当看到了徐本禹在贵州大山支教的新闻报道，和当时在巴东支教的袁辉用心用情扎根基层的故事后，我几夜辗转反侧，最后，毅然放弃去北京工作的机会，参加了西部计划，选择回到鹤峰县开展志愿服务工作。

　　在团县委的安排下，我来到了鹤峰县委统战部开展服务。起初我负责的是办公室日常工作。作为一名刚离开学校的大学生，对机关办公流程和内容并不熟悉。在当时人员较少、工作任务复杂而繁重的情况下，我没有退缩，当天完成不了的就加班做，加班做不完的就周末继续做，力争把领导交给我的每一项工作做得更完美。

　　为了更好地完成工作任务，我经常向领导、同事、前辈们讨教工作经验和方式方法，反复学习办公室业务工作和统一战线工作的知识、法律法规。渐渐地，我成为了统一战线工作中离不开的人，成为大家身边的一个"红萝卜头"，哪里需要我，哪里就有我。

　　2020 年 11 月，我看到了湖北省委追授谢睿同志"湖北省优秀共产党员"

---

　　① 案例来源：中国青年网。

称号的通知。受到谢睿同志事迹的鼓舞，我主动请缨，希望组织能批准我到下坪乡堰坪村开展驻村工作。恰好驻下坪乡堰坪村尖刀班面临人员调整，我如愿成为下坪乡堰坪村尖刀班队员。

为使自己能迅速进入工作角色投入到精准扶贫工作中，我扎实开展理论学习，认真学习脱贫攻坚相关政策文件。我与村两委一起认真开展排查走访调研，查看基础设施建设、中蜂产业发展和养护、产业项目建设，用心记录入户走访时的所见所闻以及群众反映的日常小事。

对于群众的咨询，我尽量在第一时间给予解释，对于无法解答的问题我逐项记录，请示领导后逐一反馈。那时，在村民心中，我是热心的小陈、可爱的胖胖，但在我心中，村里的群众成了我生活和工作中的一部分。相识一场本就是来之不易的缘分，在堰坪村，我愿意用真心换真心对待一切人和事。

用情帮扶，做好"孝老者"

工作中，我主动请缨帮扶了7户贫困户，交情最深的是村里一对贫困户老夫妻。老两口都已年过七十，家里条件比较艰苦。平日里，我经常上门走访，关心老人的生活情况。2021年1月14日，我与尖刀班开展关注特困老人走访活动，再次来到这户家里，发现躺在床上的老人发着高烧，还伴有呕吐。我们迅速与村支书罗新平驱车将其送往乡卫生院检查治疗。由于老人在卫生院无人照料，我与村妇联主席覃道娥承担起了护理责任，帮忙清理呕吐物，擦洗身子，替老人换上干净衣物。

后来，机关同事将参与救护老人的事迹刊发到"人民资讯网"上，爸妈看到后，十分惊讶，在家的"娇娇女"成为了"尖刀班一名会照顾老人的女汉子了"。

在2021年农历春节来临之际，我主动放弃年三十休息日在村值班。我的大年三十过得特别有意义：早上给帮扶户家中送去了糖果、干果、茶叶及待客的食物，联系他们的亲人进行视频连线，远程"拜年"；中午买饼干去看了留守老人，陪她唠唠嗑，用自己的阳光心态尽力纾解老人的家庭矛盾。

离开家乡，成为"实践者"

2022年7月，我三年的志愿服务期满，随后，我通过报考进入湖北省宜昌市长阳土家族自治县的储备干部队伍。

无论是当年"感动中国"的徐本禹同志，还是从城市走向农村的谢睿同志，抑或是扎根乡村教育工作的袁辉老师，都对我有着深刻的影响力，对我的人生规划有着进一步的指导作用。

在现在的工作单位，我主要负责农业、林业、畜牧、农技及共同缔造等农口工作。工作从零开始，从一件件平凡的小事做起，做到领导信任、同事肯定、自身得到历练。

投身基层，我始终如一为人民群众服好务，将志愿精神践行到底，同时积极向党组织靠拢，怀抱"请党放心、强国有我"的青春梦想，为实现中华民族伟大复兴贡献自己的青春力量！

(二)"三支一扶"计划

"三支一扶"是毕业生基层落实政策，指大学生在毕业后到农村基层从事支农、支教、支医和扶贫工作。该计划的政策依据是国家原人事部 2006 年颁布的第 16 号文件《关于组织开展高校毕业生到农村基层从事支教、支农、支医和扶贫工作的通知》。其目的在于为高校毕业生向基层单位落实就业问题提供具体的指导和保障。

该项目主要通过公开招募、自愿报名、组织选拔、统一派遣的方式，从2006 年起每年招募 2 万名左右高校毕业生，主要安排到乡镇从事支教、支农、支医和扶贫工作。从 2021 年至 2025 年实施第四轮高校毕业生"三支一扶"(支教、支农、支医和帮扶乡村振兴)计划，每年选派 3.2 万名左右高校毕业生到基层服务。工作时间一般为 2 年，工作期间给予一定的生活补贴。工作期满后，自主择业，择业期间享受一定的政策优惠。目前部分地区服务期满考核合格可占编就业，在原岗位落实事业编，按事业单位公开招聘人员对待。对服务期满考核合格的大学生，颁发由原人事部统一印制的《高校毕业生到农村基层服务证书》，作为服务期满后享受相关就业优惠政策的依据。

(三)特岗计划

本世纪初，农村基层教师数量不足、质量偏低的问题严重制约农村教育的发展。我国城乡学校教师队伍差距悬殊。农村中小学教师年龄老化，英语、科学及音体美等学科专业教师严重不足。县级教育管理部门受多种因素制约，教师招聘动力不足，新的补充机制亟待构建。党的十六届五中全会提出了"切实提高师资特别是农村师资水平"的重要任务，《中共中央 国务院关于推进社会主义新农村建设的若干意见》(中发〔2006〕1 号)进一步提出："加强农村教师队伍建设，加大城镇教师支援农村教育的力度，促进城乡义务教育均衡发展。"

为认真贯彻落实党中央、国务院关于加强农村教师队伍建设和引导、鼓励高校毕业生面向基层就业的精神，针对农村义务教育阶段中小学师资力量薄弱、结构失衡、素质需要进一步提高等问题，教育部、财政部、原人事部、中编办在反复研究、深入论证、多方征求意见的基础上，制定了《农村义务教育阶段学校教师特设岗位计划实施方案》，决定组织实施"特岗计划"。这项计划是创新农村学校教师补充机制，吸引高学历人才从事农村义务教育的一项重大举措，也是引导和鼓励高校毕业生到西部边远贫困地区就业的实际行动。

农村义务教育阶段学校教师特设岗位计划（简称特岗计划），由中央财政设立专项资金，用于特设岗位教师的工资性支出，通过公开招募高校毕业生到西部"两基"攻坚县县以下农村义务教育阶段学校任教，引导和鼓励高校毕业生从事农村教育工作，创新农村学校教师补充机制，逐步解决农村师资总量不足和结构不合理等问题，提高农村教师队伍的整体素质。

"特岗计划"招聘规模正在不断扩大。从 2006 年的 1.6 万人，逐步扩大到 2012 年的 6 万人、2015 年的 6.3 万人。从 2016 年开始，招聘规模以 1 万人/年速度递增，从 2016 年的 7 万人，增加到 2019 年的 10 万人。2020 年又扩大到 10.5 万人。2021 年，"特岗计划"聘特岗教师 8.43 万人，2022 年为 6.7 万人，已为中西部地区乡村学校补充特岗教师 100 多万人。

"特岗计划"积极配合国家促进大学生就业相关政策，引导和鼓励高校毕业生到基层建功立业，缓解就业压力。共解决了约 95 万人的就业问题。95%以上的特岗教师在乡镇及以下学校任教，其中 30%在村小和教学点工作，直接服务于我国边远贫困地区义务教育最薄弱的区域和人群。据教育部相关数据统计，从高校毕业生就业来看，"特岗计划"已经成为高校毕业生就业的重要渠道，是一项解决高校毕业生就业问题的重要政策。

（四）大学生村官计划

大学生村官工作即"选聘高校毕业生到村任职工作"计划，是国家开展的选派项目。大学生村官岗位性质为"村级组织特设岗位"，系非公务员身份，其工作、生活补助和享受保障待遇应缴纳的相关费用由中央和地方财政共同承担。大学生村官的工作管理及考核比照公务员有关规定进行，由县（市、区）党委组织部牵头负责、乡镇党委直接管理、村党组织协助实施；人事档案由县（市、区）党委组织部管理或县（市、区）人力资源和社会保障部门所属人才服务机构免费代理，党团关系转至所在村。

大学生村官工作从无到有，快速发展，大体经历了 3 个阶段。一是"各地自发探索"阶段。从 1995 年江苏省实施"雏鹰工程"开始，到 2004 年，有 10 个省（区、市）启动了选派大学生到村任职工作。二是"局部探索试验"阶段。各地认真落实中央办公厅、国务院办公厅印发的《关于引导鼓励高校毕业生面向基层就业的意见》精神，探索开展选聘大学生村官工作，到 2008 年初已有 17 个省（区、市）启动了这项工作。三是"全面发展推进"阶段。2008 年 3 月，中组部和教育部、财政部、人力资源社会保障部联合下发《关于选聘高校毕业生到村任职工作的意见（试行）》，在 31 个省（区、市）和新疆生产建设兵团部署开展了大学生村官工作。经过 6 年多的扎实推进，这项工作得到长足发展，取得显著成效。

案例 延展

伍小成：把青春献给田野，为乡亲增添关怀①

伍小成，男，中共党员，湖北文理学院车辆工程专业 2015 届毕业生。2017 年 3 月，响应国家号召，毅然辞去城市的工作，决定报考大学生村官，到精准扶贫一线去奋斗。2017 年 7 月，通过组织的层层考核，他光荣地成为了一名大学生村官，担任保康县过渡湾镇西邦村支部书记助理。2018 年 11 月，当选为村党支部书记；2019 年 2 月，在保康县大学生村官年度工作考核中获得优秀等次。2020 年他以优异的成绩考入了南漳县审计局。

地处艰辛，不负重任

西邦村属国家级重点贫困村，地处偏远，交通不便，距县城有长达 40 多公里的山路。面对由城市到山区的落差，伍小成不但没有退缩，而且更加坚定扎根基层的信念，到村以后他立即转变角色，积极投入工作。一是当好各项惠农政策的宣传员，认真学习上级下发的各项惠农政策，积极走访入户，及时将党的各项政策宣传到户，并为农户解疑答惑，确保群众对各项惠农政策的熟知，到村两个月他就访遍了全村 125 户农户。二是当好人民群众的勤务员，怀着让群众只跑一趟的信念，他对每一位来村委会办事的群众都抱着高度重视的态度，认真接待。为符合纳入五低保条件的农户，他亲自到各个

---

① 案例来源：湖北文理学院就业信息网，有删改。

部门办理申请手续，尽快让他们享受国家政策保障。三是当好村级事务的信息员，农村工作烦琐复杂，村干部大都不会使用电脑，那么作为大学生村官的他就必须承担起这些事务，例如整理农村各种基础工作档案资料，记录各类会议内容，书写各类协议、调研报告、交流总结等材料，整理各项工作所需的软件资料以及上报相关工作的信息，等等。

收获荣誉，展现付出

两年以来，无论雨季滑坡，还是大雪封山，伍小成一直坚持在村工作，以踏实苦干的敬业精神，无私奉献的公仆情怀，赢得了村镇干部及群众的一致认可。2018年11月，他在西邦村第十届党支部换届选举中脱颖而出，当选为村党支部书记；2019年1月，在过渡湾镇年度个人工作考核中荣获"先进个人"荣誉称号；2019年2月，在保康县大学生村官年度工作考核中获得优秀等次；2019年5月，西邦村以优异的成绩顺利通过国家第三方验收，脱贫出列。当谈到今后的打算时，他说："选择村官，无怨无悔，我将更加严格地要求自己，希望能为农村的发展贡献更多的力量！"2020年他以优异的成绩考入了南漳县审计局。

(五)大学毕业生应征入伍服兵役

习近平总书记2017年给南开大学8名新入伍大学生回信时，充分肯定了他们携笔从戎、报效国家的行为，并且勉励他们把热血挥洒在实现强军梦的伟大实践之中，书写绚烂、无悔的青春篇章。自古以来，我国文人志士多有投笔从戎的家国情怀。新时代大学生应延续优良传统积极响应祖国召唤参军入伍，将自己爱国之心化为报国之行，在军队的大舞台上施展才华，在军营的大熔炉里淬炼成钢，书写别样的灿烂篇章。

为了进一步鼓励高校毕业生应征入伍服义务兵役，国家也出台了相应激励政策，包括由政府补偿学费，代偿助学贷款；在选取士官、考军校、安排到技术岗位等方面优先；退役后参加政法院校为基层公检法定向岗位招生考试时，优先录取；具有高职(高专)学历的，退役后免试入读成人本科；或经过一定考核，入读普通本科；退役后报考硕士研究生初试总分加10分；荣立二等功及以上的，退役后免试推荐入读硕士研究生。

应届大学毕业生男兵入伍流程包括四个阶段。

(1)网上报名阶段。有应征意向的高校毕业生可在夏秋季征兵开始之前登录学信网进行实名注册，然后进行网上报名。填写、打印《应届毕业生预征对象登记表》和《高校毕业生应征入伍学费补偿国家助学贷款代偿申请表》(以下分别简称《登记表》《申请表》),交所在高校征兵工作管理部门。

(2)初检初审阶段。毕业生离校前,在高校参加身体初检、政治初审,符合条件者确定为预征对象,高校协助兵役机关将《登记表》和《申请表》审核盖章发给毕业生本人,并完成网上信息确认。初审、初检工作最晚在 7 月 15 日前完成。

(3)实地应征阶段。高校毕业生在学校所在地应征的,结合初审、初检工作同步进行体格检查和政治审查,在放假离校前完成预定兵;在户籍所在地应征入伍的,须持《登记表》和《申请表》于 7 月 30 日前到当地县级兵役机关参加实地应征。

(4)批准入伍阶段。9 月初学校所在地县(市、区)人民政府征兵办公室或者入学前户籍所在地县(市、区)人民政府征兵办公室为其办理批准入伍手续。

案例延展

好男儿,当兵去![1]

每年征兵季,都有许多热血青年应征入伍。不少征兵工作人员感慨,适龄青年踊跃参军已成为一种新常态,圆梦军营正成为越来越多有志青年的价值追求。

经历十多年寒窗苦读,大学生们有很多选择,继续深造、进入职场、自主创业。他们中有一些人,主动放弃安逸舒适的生活,参军报国,不负韶华。

我市 2023 年上半年征集的 610 名新兵中,大学生 587 人,占 96.2%,其中大学毕业生 456 人、在校生 131 人。

近日,记者采访了刚刚应征入伍的我市四位大学生新兵,听他们讲述梦圆军营的故事。

赓续军人血脉

21 岁的李世光,毕业于山西药科职业学院。"我的太爷爷参加过抗日战争。总听爷爷讲太爷爷抗击日本侵略军的故事。"李世光说,"伟岸的军人形象,在我幼小的心里埋下了种子。我一直觉得,男子汉一身戎装、参军报国,

---

[1] 案例来源:《太原晚报》2023 年 3 月 20 日 04 版《好男儿,当兵去!》。

是一件很帅、很酷的事。"

李世光是独生子，但他的应征入伍得到了家人的支持和鼓励。好男儿志在四方，李世光的父母希望儿子能在部队大熔炉里磨炼坚强意志、锻造优秀品质。

李世光坦言，不久，自己将成为一名海军，一定不会辜负父母的希望和嘱托，在部队更好地传承红色基因，成为一名不负国家和人民所托的战士，为国防建设贡献力量。

憧憬军营生活

山西警官职业学院毕业班学生李淑杰，22 岁，身高 1.86 米，一身戎装，英俊帅气。

"我从小就有制服情结，好男儿，当兵去！一直是我的梦想。"李淑杰说，在警院读书时，就感觉自己特别适应而且喜欢军事化管理的集体生活。这次应征入伍，经过层层审核，李淑杰终于如愿成为一名新兵。通过役前教育，李淑杰更加坚定了参军入伍、报效祖国的决心。

"未来，我可能会成为一名空降兵，翱翔在祖国蓝天。"每当憧憬多彩的军营生活，李淑杰就会抑制不住内心的激动和喜悦。他说："我一定会发扬不怕苦、不怕累的精神，争取早日成为一名合格的解放军战士。"

再续军旅荣光

如果说初次选择当兵是对绿色军营的憧憬与向往，那么再次穿上军装，一定是源于心底的热爱。22 岁的刘清桦就是一位再次奔赴火热军营、续写军旅荣光的"老兵"。

2019 年正在读大专的刘清桦，看到征兵宣传片后为之震撼，便暂别校园，应征入伍，走进军营，服役于武警部队。两年的军旅生活中，他刻苦训练、勤奋努力。2021 年，刘清桦光荣退伍，走进山西旅游职业学院继续学业。在校期间，刘清桦时常梦回军营，战友的笑脸、整齐的营房、嘹亮的军歌……令他魂牵梦绕。于是，刘清桦再次应征入伍。吹角连营挥不去，重披战甲逐梦来。刘清桦坦言："参军报国，无上光荣。再次身着橄榄绿，感觉超爽！"

青春无悔选择

大学毕业后，究竟是找工作投身社会？还是留在学校继续深造？还是参军入伍实现梦想？22 岁的闫释钧给出了自己的答案——当兵去！

从什么时候有了参军报国的想法？闫释钧说："参军是我小时候的志愿，报国是我一生的梦想！"

闫释钧深知，军人的使命就是保家卫国。为了实现自己的从军梦，在太原城市职业技术学院信息工程专业学习期间，他不仅刻苦学习，还积极参加各类志愿活动。闫释钧笑着说："思想的成长，让我深刻领悟到军人的责任和使命，也更坚定了我的军旅梦。"

恰逢2023年春季征兵季，即将毕业的闫释钧，心底的从军梦被点燃。学校的老师劝他考研，身边的同学提议一起创业，对口企业向他伸出了"橄榄枝"，可他却毅然决定投身军营。"让青春和激情在火热军营中尽情挥洒，让才智和热血在从军报国中得到升华，让梦想可期可追，让青春无怨无悔。"闫释钧语气坚定地说道。

三、求学深造

近年来，随着就业竞争加剧，求学深造越来越成为多数大学毕业生为了提升学历、缓解压力的毕业选择。

(一)统考读研

全国硕士研究生统一招生考试（Unified National Graduate Entrance Examination，简称"考研"或"统考"）是指教育主管部门和招生机构为选拔研究生而组织的相关考试的总称，由国家考试主管部门和招生单位组织的初试和复试组成，是一项选拔性考试，所录取学历类型为普通高等教育。普通高等教育统招硕士研究生招生按学位类型分为学术型硕士和专业型硕士两种（见表5-3）；按学习形式分为全日制研究生、非全日制研究生两种，均采用相同考试科目和同等分数线选拔录取。

思想政治理论、外国语、大学数学等公共科目由全国统一命题，专业课主要由各招生单位自行命题（加入全国统考的学校全国统一命题）。选拔要求因层次、地域、学科、专业的不同而有所区别。考研国家线划定分为A、B类，其中一区实行A类线，二区实行B类线。一区包括北京、天津、河北、山西、辽宁、吉林、黑龙江、上海、江苏、浙江、安徽、福建、江西、山东、河南、湖北、湖南、广东、重庆、四川、陕西。二区包括内蒙古自治区、广西、海南、贵州、云南、西藏、甘肃、青海、宁夏、新疆维吾尔族自治区。

表 5-3　学术型硕士与专业型硕士的区别

类别	学术型硕士	专业型硕士
报考条件	国家承认学历的应届本科毕业生；具有国家承认的大学本科毕业学历的人员	报名参加除法律硕士（非法学）、法律硕士（法学）、工商管理硕士、工程硕士中的项目管理
培养方式	学历教育：年底全国统考，录取后获得研究生学籍，毕业后可获普通高等教育硕士毕业证书和学位证书	学历教育：年底全国统考，毕业后可获普通高等教育硕士毕业证书和学位证书。 非学历教育：十月 GCT 考试（现已取消）及五月同等学力申硕，获得可以申请学位的资格，再通过硕士论文答辩，获得硕士学位证书，无毕业证书
培养目标	培养学术研究人才	培养国家经济社会发展急需的高层次应用型职业化人才
学习方式	全日制及非全日制普通研究生（年底全国统考）	全日制及非全日制普通研究生（年底全国统考）。 单证在职研究生（十月 GCT 考试、同等学力申硕）

(二)出国读研

对于想出国读研的学生来说，了解和理解出国读研的条件和要求是非常重要的。其中语言要求、大学成绩和经济条件三大项是需要仔细评估和准备的内容。同时也应具有一定的独立自主能力。

1. 语言要求

既然要到非中文国家进行求学升造，语言是未来学习、生活的必要要求。各留学国家都有语言要求，英国等英联邦国家倾向于雅思成绩，一般要求申请人雅思成绩达到 6.0 以上。而且在北美地区，以托福为标准，一般申请人的托福成绩要达到 90 分以上。一些非英语水平测试的国家，如日本、德国、法国等，会有不同的语言要求。不同的学校和专业对语言有不同的要求。以澳大利亚为例，要求雅思总分在 6.5 以上，托福总分不低于 80 分；当然，这只是最低标准。申请澳大利亚八大名校，建议托福达到 90 分甚至 100 分，雅思总分最好达到 7.0 分。

2. GPA(平均学分绩点)

不同于国内升学，更加注重研究生统考成绩，在申请国外研究生时，本科期间课程成绩是审核申请资料的重点内容。通常采用换算成 GPA 的形式来进行测评，满分为 4.0 分制，本科成绩底线要求 3.0，随着竞争加剧，成绩也是越高越好。

3. 经济要求

在国外求学深造，对家庭经济条件要求较高。除了国外昂贵的学费以外，生活成本也是一笔不小的开支。美国、英国、加拿大、澳大利亚等国家每年出国留学总费用可能要超过 30 万元。本科一般需要 3～4 年，硕士需要 1～2 年。

4. 独立自主能力

在海外留学，很多事情都要自己处理，有时候甚至是突发事件。独立不只是吃饭穿衣这么简单，还包括社交、和老师相处、选课、升学计划甚至是理财。我们在媒体上经常看到的有关留学生的负面新闻，往往是由于学生缺乏上述能力所致。留学成功的主要原因可归结于将以上问题处理得很好。所以，在出国留学之前大学毕业生要自觉加强独立思考和解决问题能力的培养。

四、自主创业

大学生创业是一种以在校大学生和毕业大学生为创业主体的创业过程。随着我国经济转型进程的加快以及社会就业压力的不断加剧，创业逐渐成为在校大学生和毕业大学生的一种职业选择方式。大学生作为我国的年轻高级知识人群，有着较为丰富的知识储备和创新思维和活力，是创业的主力军。与此同时，大学生群体缺乏社会实践经验，与创业的成功要素相矛盾，导致大部分大学生的创业在初期就自行夭折。

(一)大学生创业优势

大学生往往对未来充满希望，他们有着年轻的血液，充满激情，有"初生牛犊不怕虎"的勇气，而这些都是一个创业者应该具备的素质。

大学生在学校里学到了很多理论性的东西，有着较高层次的技术优势，而目前最有前途的事业之一就是创办高科技企业。技术的重要性是不言而喻的，大学生创业从一开始就必定会走向高科技、高技术含量的领域，"用智力换资本"是大学生创业的特色和必由之路。一些风险投资家往往就因为看中了大学生所掌握的先进技术，而愿意对其创业计划进行投资。现代大学生不仅拥有创新精神，还有对传统观念和传统行业挑战的信心和欲望，而这种创新精神也往往会成为大学生创业的动力源泉，成为其成功创业的精神基础。

大学生创业的最大好处在于能提高自己的能力，增长社会实战经验，以及学以致用；最大的诱人之处是通过成功创业，可以实现自己的理想，证明自己的价值。

（二）大学生创业劣势

由于大学生社会经验不足，常常盲目乐观，没有充足的心理准备。对于创业中的挫折和失败，许多创业者感到十分痛苦茫然，甚至沮丧消沉。大家以前创业，看到的都是成功的例子，心态自然都是偏理想主义的。其实，成功的背后还有更多的失败。大学生创业既要看到成功，也要看到失败，也只有这样，才能使自己变得更加理智。

急于求成、缺乏市场意识及商业管理经验，是影响大学生创业成功的重要因素。学生们虽然掌握了一定的书本知识，但终究缺乏必要的实践能力和经营管理经验。此外，由于大学生对市场营销等缺乏足够的认识，很难一下子胜任企业经理人的角色。

许多大学生对创业的理解还停留在仅有一个美妙想法与概念上。在大学生提交的相当一部分创业计划书中，许多人还试图用一个自认为很新奇的创意来吸引投资。这样的例子以前在国外确实有过，但在今天这已经是几乎不可能的了。投资人看重的是其创业计划真正的技术含量有多高（在多大程度上是不可复制的），以及市场盈利的潜力有多大。而对于这些，大学生必须有一整套细致周密的可行性论证与实施计划，绝不是仅凭三言两语的一个主意就能让投资人掏钱的。

大学生的市场观念较为淡薄，不少大学生很乐于向投资人大谈自己的技术如何领先与独特，却很少涉及这些技术或产品究竟会有多大的市场空间。就算谈到市场的话题，他们也多半只会计划花钱做广告而已，而对于诸如目标市场定位与营销手段组合这些重要方面，则全然没有概念。其实，真正能引起投资人兴趣的并不一定是那些先进得不得了的东西，相反，那些技术含量一般但却能切中市场需求的产品或服务，常常会得到投资人的青睐。同时，大学生作为创业者应该有非常明确的市场营销计划，能强有力地证明盈利的可能性。

(三)大学生创业应具备的基本能力

1. 自我认知及科学规划能力

这一点对年轻人来说，是不容易实现的。尤其是大学生刚出校门，对社会和自我的认识还非常有限。要想清楚地知道自己以后发展方向在哪里，仅靠自身的苦思冥想是找不到答案的。最好的办法就是多去观察别人，征求"过来人"的意见，再结合自己的实际情况制定一些小的目标，通过确定和实现这些小目标，再慢慢地开始规划自己的人生。

在创业过程当中，要经常性地提前计划或规划一些事情。在制定计划的时候一定要综合各种因素，形成切实可行的动作分解，要将任何可能的细节都考虑在内。而在实施的过程当中要针对当下的具体情况，适时做出调整。运营需要强有力的计划管理能力，只有具备这一能力才能让自己更靠近成功创业之门。

2. 胆识和魄力

大学生作为创业者，在团队运营后，甚至筹备之初就会面临各种各样的决策，其一举一动都左右着创业计划的发展走向和兴衰。创业者前期可能会广泛地征求亲朋好友的建议，一旦自己能够独立自主后，就必须要通过自己的智慧和胆识去决定各种大小事务。当在自主地做出决策时，谨慎是必不可少的，但优柔寡断可能就会失去一个绝佳的商业的机会。同时，决策的胆识和魄力一定是要建立深思熟虑的基础之上，既要选择风险小又要兼顾利益最大化。

3. 团队管理、信息管理、目标管理等能力

任何创业如同经营一家企业一样，需要制定各种制度。制度不在于多，而在于是否让所有相关人都能够明白其道理，并且严格执行。大学生作为创业者需要针对自己团队实际情况建立各种有效的管理制度，包括管理、培训、绩效考核等。同时，也需针对市场的不断发展变化而改进相应制度，只有这样才能够让自己及其团队立于不败之地，拥有发展的主动权。在此想提醒大学生创业者，在制定和改进管理制度的时候，一定要基于客观事实出发，而不要想当然，要极力保证制度的可实施性。

创业者每天都会通过不同渠道接触各种信息，如竞争对手又开始降价了；明天要下雨；厂家又有新政策，等等。如何从大量的信息里筛选与自己相关的，再从与自己相关的信息里找到有用的，这需要经过长时间的锻炼。只有

正确有用的信息才能指导自己各项工作有序开展。对于大学生创业者而言，由于缺乏大量的社会实践经验，所以在接触各种信息的时候，难免会有失偏颇地做一些决定。当大家对信息无所适从时，可以向过来人进行请教，加以甄别。要在观察和请教别人过程当中，不断提高自身管理信息的能力。

大学生创业必须要有明确的目的性。在不同创业阶段需制定明确的目标，对目标进行细致化的分解。一个团队要想得到长远发展，那么必须得有长远的发展目标，长远的发展目标又可以按阶段分解成不同的小目标，而这些小目标又可以分解到每个相关人。在这个过程当中，大学生作为创业者主导者，就需要对不同的目标进行统筹和管理。

4. 谈判能力

在创业者人际交往过程当中，与人谈判的情况必不可少。谈判对创业者的要求是综合多面的，要求创业者有一定的语言能力、心理分析能力、人文素养等。要想在谈判当中占得主动地位，必须要有很强的谈判能力。杰出的谈判能力能够让创业者在谈判过程中直接获得更多的利益。

5. 处理突发事件

创业过程当中，会不可避免地发生一些突发事件，而其中很大部分都是我们想避免的。然而当事情发生的时候，需要我们更为积极地去应对。如果这些事情处理得当，还能起到广告效果。用心的服务会向客户传递创业者负责任的形象。"好事不出门坏事传千里"，任何一件突发的事件，稍加不注意，就会使创业者的形象一落千丈，甚至砸掉招牌。因此，处理突发事件的能力也是大学生创业时应具备的能力之一。

6. 学习能力

在现代社会要想取得不断的成功，必须具备持续的学习能力。市场和行业的竞争日益激烈，大到一个企业，小到个人，要想力争上游，那就必须比竞争对手更快地掌握更多的知识，通过不断地学习使自己处于不败之地。对于大学生而言，除了拥有较为丰富的理论知识，更要重视学习等其他方面的综合能力。

7. 社会交往能力

良好的人际关系，不仅能给人生带来快乐，而且还能助人走向成功。大学生作为创业者在开始创业时必将会接触到各种不同类型、身份的人，而接触的人大多都是跟自己的利益攸关的。所以从创业最开始就要学会跟各种人打交道。在与前辈们的交流和学习当中不断认识到自己的不足，针对性地加以完善。

8. 保持身心健康的能力

创业者经常要与孤独和挫折为伴，绝大多数的创业过程不是一帆风顺的。时下流行一个词"逆商"，也就是说人适应逆境的能力。创业者如何保持乐观而稳定的心态，需要在长时间的历练当中找到方法。而大学生作为创业者一般都比较心高气傲，有着强烈的自尊意识。建议刚毕业的大学生一定要放低姿态，平静地去接受一切可能的打击。同样，在得意时，也要克服骄傲的情绪，切不可沾沾自喜，妄自称大。

身体是革命的本钱，创业者只有身体健康才能够支撑一切的打拼和奋斗。为事业拼搏而废寝忘食的精神非常值得肯定，但是终究不能视之为常态。大抵年轻的创业者都会精力旺盛，一旦投入工作中都很难自拔。在创业的过程当中一定要注意劳逸结合，切莫因为太拼而让自己的健康状况下滑。

(四)大学生创业的注意事项

1. 多学多问，虚心请教

学习一直是成功人士必备的品质。尤其对于缺乏社会经验的大学生创业群体而言，学习不可放下，而且应该是多方面并且有实效的。做事不能一意孤行，向别人多多请教，不只局限于成功的创业前辈，目标消费者也是你的创业导师。

2. 耐住性子，不可冲动

冲动是很多年轻人的共性，然而针对创业投资，大学生创业群体更应该耐住性子，行事千万不能冲动，要多思多虑。大学生创业本身就是有风险的事，所以后期经营过程中更应该深思熟虑，做有把握的事。

3. 勇于承担，负责到底

一个成功的领导者必不能少的品质就是勇于承担，不论失败成功，不能责怪别人或是怨天尤人，要多从自己身上找原因，错了就是错了，要敢于承担。

4. 要认识并接受人的本性

大学生沉浸在校园简单人际交往中，社会经验不足，所以在前期人际交往中一旦受挫，情绪和思想浮动会很大。大学生创业群体一定要认清社会，学会正确接受人的本性。

5. 要有大局意识，不能只顾眼前

做长久之事，行事需看到五步之外，所谓深谋远虑是也。大学生在创业时不能只看到一时得失，行事考量等都需往长远看，做合理的投资。

6. 向竞争者学习

竞争者虽然会在短期内给自己造成压力，但成功抑或是失败的竞争者都可以成为自己创业的现成教材。而且通常由于近地域和相似性，通过竞争者更加可以清楚地看到自己经营的好坏所在。

7. 做事前要仔细分析，请教前辈

投资本身就是一项很需要智慧和社会经验的脑力体力活，而这些又是大学生的硬伤，所以要多向前辈请教，借鉴前辈的经验，少走弯路，避免犯错。在自己能力范围内，做事前一定要先思考三分钟，拿出切实可行的决策依据。

8. 不可任意挥霍，合理理财

大学生习惯了衣来伸手饭来张口的生活，所以初期对于花销上没有概念。而创业又很需财力的支持，所以一定要克制自己，用钱的地方很多一定要花到实处，绝不可以任意挥霍。

9. 要有从屡次挫败中爬起的勇气

有数据表明，在大学生群体中成功创业者往往不到两成，这和他们自身局限以及性格特征或者阅历有诸多关系。既然失败的可能性很大，所以一旦面临失败，决不能灰心丧气，依然要保持热情，就算创业不成，也可转向工作或其他行业，力求在工作中磨练自我，成就另外一番光景。

（五）大学生创业可能会面临的风险

大学生创业者要认真分析自己创业过程中可能会遇到哪些风险，这些风险中哪些是可以控制的，哪些是不可控制的，哪些是需要极力避免的，哪些是致命的或不可管理的。一旦这些风险出现，大学生应该如何应对和化解？特别需要注意的是，大学生创业者一定要明白创业过程中最大的风险是什么，最大的损失可能有多少，自己是否有能力承担并渡过难关。

1. 项目选择风险

大学生创业时如果缺乏前期市场调研和论证，只是凭自己的兴趣和想象来决定投资方向，甚至仅凭一时心血来潮做决定，一定会碰得头破血流。大学生创业者在创业初期一定要做好市场调研，在了解市场的基础上创业。一般来说，大学生创业者资金实力较弱，应选择启动资金不多、人手配备要求不高的项目，从小本经营做起比较适宜。

2. 技能缺失风险

很多大学生创业者眼高手低，当创业计划转变为实际操作时，才发现自己根本不具备解决问题的能力，这样的创业无异于纸上谈兵。一方面，大学生应去企业打工或实习，积累相关的管理和营销经验；另一方面，积极参加创业培训，积累创业知识，接受专业指导，提高创业成功率。

3. 资金风险

资金风险在创业初期会一直伴随在创业者的左右。是否有足够的资金创办企业是创业者遇到的第一个问题。企业创办起来后，就必须考虑是否有足够的资金支持企业的日常运作。对于初创企业来说，如果连续几个月入不敷出或者因为其他原因导致企业的现金流中断，都会给企业带来极大的威胁。相当多的企业会在创办初期因资金紧缺而严重影响业务的拓展，甚至错失商机而不得不关门大吉。

另外如果没有广阔的融资渠道，创业计划只能是一纸空谈。除了银行贷款、自筹资金、民间借贷等传统方式外，大学生创业者还可以充分利用风险投资、创业基金等融资渠道。

4. 社会资源贫乏风险

企业创建、市场开拓、产品推介等工作都需要调动社会资源，大学生在这方面会感到非常吃力。平时应多参加各种社会实践活动，扩大自己人际交往的范围。创业前，可以先到相关行业领域工作一段时间，通过这个平台，为自己日后的创业积累社会资源。

5. 管理风险

一些大学生创业者虽然技术出类拔萃，但理财、营销、沟通、管理方面的能力普遍不足。要想创业成功，大学生创业者必须技术、经营两手抓，可从合伙创业、家庭创业或从虚拟店铺开始，锻炼创业能力，也可以聘用职业经理人负责企业的日常运作。

创业失败者，基本上都是管理方面出了问题，其中包括决策随意、信息不通、理念不清、患得患失、用人不当、忽视创新、急功近利、盲目跟风、意志薄弱等。特别是大学生知识单一、经验不足、资金实力和心理素质明显不足，更会增加在管理上的风险。

6. 竞争风险

寻找蓝海是创业的良好开端，但并非所有的新创企业都能找到蓝海。更何况，蓝海也只是暂时的，所以竞争是必然的。如何面对竞争是每个企业都要考虑的事，而对新创企业更是如此。如果创业者选择的行业是一个竞争非常激烈的领域，那么在创业之初极有可能受到同行的强烈排挤。一些大企业为了把小企业吞并或挤垮，常会采用低价销售的手段。对于大企业来说，由于规模效益或实力雄厚，短时间的降价并不会对它造成致命的伤害，而对初创企业而言则可能意味着彻底毁灭。因此，考虑好如何应对来自同行的残酷竞争是创业企业生存的必要准备。

7. 团队分歧风险

现代企业越来越重视团队的力量。创业企业在诞生或成长过程中最主要的力量来源一般都是创业团队，一个优秀的创业团队能使创业企业迅速地发展起来。但与此同时，风险也就蕴含在其中，团队的力量越大，产生的风险也就越大。一旦创业团队的核心成员在某些问题上产生分歧不能达到统一时，极有可能会对企业造成强烈的冲击。

事实上，做好团队的协作并非易事。特别是与股权、利益相关联时，很多大学生创业者在初创时拥有的很好的伙伴最后大都会闹得不欢而散。

8. 核心竞争力缺乏的风险

对于具有长远发展目标的创业者来说，他们的目标是不断地发展、壮大企业，因此，企业是否具有自己的核心竞争力就是最主要的风险来源。一个依赖别人的产品或市场来打天下的企业是永远不会成长为优秀企业的。核心竞争力在创业之初可能不是最重要的问题，但要谋求长远的发展，就是最不可忽视的问题。没有核心竞争力的企业终究会被淘汰出局。

9. 人力资源流失风险

一些研发、生产或经营性企业需要面向市场，大量的高素质专业人才或业务队伍是这类企业成长的重要基础。防止专业人才及业务骨干流失是创业者应当时刻注意的问题，在那些依靠某种技术或专利创业的企业中，拥有或掌握这一关键技术的业务骨干的流失是创业失败的最主要风险源。

10. 意识上的风险

意识上的风险是创业团队最内在的风险。这种风险是无形的，但却有强大的毁灭力。风险性较大的意识则是指创业者有投机的心态、侥幸心理、试试看的心态、过分依赖他人、回本的心理等。

大学生创业过程中所遇到的阻碍并不仅此十点，在企业发展过程中，随时都将可能面临灭顶之灾般的风险。保持积极的心态，多学习，多汲取优秀经验，结合大学生既有的特长优势，我们相信，大学生创业的步伐会越走越远，越走越稳。

面对依然严峻的就业形势，我国正全面加大对大学生创业的支持力度，大力推动毕业生自主创业，在创业教育、创业实践、创业政策等方面加大工作力度。高校正在积极整合校内多部门资源，为高校毕业生提供形式多样、内容丰富的创业教育。各地各高校也在积极利用经济技术开发区、高新技术开发区、工业园区和大学科技园区，为高校毕业生的创业实践构建创业孵化基地，并在政策、经费、项目等方面提供更大的支持力度。

案例延展

农村是大学生自主创业的大舞台[①]

2008年，毕业于中国农业大学土地资源管理专业的王培东和农村区域发展专业的陈勇，参加了由中国村社发展促进会组织的大学毕业生"联村三人行"活动。他们来到安徽省潜山县梅城镇潘铺村，承包、自建了6个蔬菜大棚，建立了2个示范猪舍，推广中国农业大学的发酵床养猪技术，组织、带动当地农民形成了新型的致富生产线。

同时，他们还创建了"中国农业大学大学生服务新农村实践基地"，邀请母校专家到农村召开技术讲座，为农民普及科技生产知识。他们用行动证明，农村是一个广阔的天地，在那里可以大有作为。

"大学生在农村创业，可以把知识的价值最大化。"毕业于上海交通大学农学院的邱羚杰说。

早在大学读书期间，邱羚杰就萌生了自主创业带动农村经济发展的想法，在胸中绘成了一幅加快发展农村经济、富民强村的宏伟蓝图。大学毕业后，他婉拒了数家公司的邀请，在家乡创办了海门市羚杰牧业有限公司，从事生猪的产业化开发。同时还牵头创办了100多个养猪合作社，带动周边农户一起养猪致富。

近年来，国家大力鼓励高校毕业生面向基层就业，特别是鼓励人才到农

---

① 案例来源：应届毕业生网。

村第一线工作。越来越多的大学生创业者认识到，在社会主义新农村建设的热潮中，到农村创业正当其时。

五、灵活就业

灵活就业，也被称为灵活用工，其主要特点是不稳定，是就业的一种形式。灵活就业、灵活用工是从劳动者和用人主体角度来描述劳动力市场灵活性的两个名词。灵活就业的岗位主要集中在近些年兴起的主播、自媒体、配音等，这些岗位出现的背后都离不开互联网的快速发展和短视频火爆的时代大背景。此外，灵活就业人员还有外卖员、网约车司机、主播、农村青壮劳动力去城市打零工等新时代工作岗位。

根据国家统计局相关数据，截至 2021 年底，中国灵活就业人员约 2 亿人，其中，外卖骑手约 1300 万名，接近全国人口的 1％。这意味着，每 100 个中国人中，就有 1 个是送外卖的。

这几年，我国灵活就业人数明显增加。根据《中国灵活用工发展报告（2021）》蓝皮书公布的数据显示，2020 年中国企业采用灵活用工比例约为 55.7％，比 2019 年增加约 11 个百分点，近 30％的企业打算稳定或扩大灵活用工规模。

作为思维更加活跃、创新能力更强的群体，大学生成为共享经济、平台经济中的一支生力军。与一般的灵活就业不同，大学生的灵活就业是在互联网、大数据等新技术应用背景下、新业态下的自主就业和创业。根据全国高等学校学生信息咨询与就业指导中心数据统计，2020 届全国高校毕业生的灵活就业占比 16.9％，2021 届高校毕业生灵活就业占比 16.25％。

▶ 第二节　新建地方本科高校毕业生就业主要方式

一、自荐

造成大学生毕业生求职困难的症结在于，大学毕业生的生存环境从以家庭和校园为主，转移到以社会和市场为核心。一些单位根据自身发展的需要和目前缺少的人才设置了岗位条件，并提供了就业机会。这样，大学毕业生要想让用人单位认识自己、了解自己、选择自己，就必须通过自荐的途径和方法宣传自己、展示自己、推销自己。自荐是毕业生求职择业的基本环节，是就业的基础。自荐可分为直接自荐和间接自荐两种。

(一)直接自荐

直接自荐是指由求职者直接向用人单位做自我介绍、自我评价、自我推销。其优点是直接面对用人单位，便于展示自己的风采，容易给人留下深刻印象，如果表现出色，可能会被当场录用。其缺点是涉及面有限，有时受时间、精力和地域的限制。一般来说，用人单位在和毕业生签约之前都会通过各种方式和毕业生见面，所以说，无论大学毕业生以何种方式自荐，都有必要学习和掌握现场自荐的技巧。直接自荐可详细划分为以下三种。

(1)登门自荐，即带上自荐材料亲自到用人单位推荐自己。

(2)参加人才招聘会自荐，即带上个人自荐材料到人才招聘会的现场推荐自己。

(3)在实习或社会实践过程中自荐，即通过各种实习和社会实践的机会推荐自己。

(二)间接自荐

间接自荐是指借助中介人、中介机构或者是相关材料推荐自己，即不亲自出马，只需将自己的想法和条件告诉第三方，或形成材料就能达到推荐自己的目的。间接自荐可分为以下三种。

(1)书面自荐，即通过邮寄或递送自荐材料的方式推销自己。此种方式覆盖面宽，可以扩大自荐范围，不受时空限制，不受"临场发挥"和"仪表效应"的影响，也是毕业生求职择业过程中常用的自荐方式。

(2)电话自荐，即通过电话推荐自己的一种求职方式。在求职过程中，电话自荐起着"敲门砖"的作用。充分利用电话接通后那短暂的时间，用最简洁明了的语言展示自己，尽可能给对方留下一个清晰、深刻、良好的印象，为面试打下良好的基础。

(3)网络自荐，即将自己的自荐材料甚至照片上传至专门的毕业生就业信息网站或人才招聘网站，也可以直接给用人单位的人事部门发送电子邮件。这种方式受众广泛而且层次较高，供需双方可在网上及时交流、沟通，且成本相对较低。随着信息技术的飞速发展，这种自荐方式今后会被越来越多的毕业生和企业招聘人员所接受。

二、他荐

(一)学校推荐

这种方式的特点是，学校向毕业生推荐的单位往往是主动向学校提供明确的用人需求，或是与学校有密切关系、相互信任的用人单位。因此，就业信息可靠，用人单位的情况明确，值得依赖。同时在用人单位看来，学校对毕业生的情况是比较了解的，学校对毕业生的推荐可信度高，有权威性，因此，经过学校的推荐，求职者和用人单位往往容易相互认可，成功率较高。

(二)他人推荐

这是通过老师、父母、亲友推荐从而达到自我推荐目的的一种推荐方式。有的教师与一些对口用人单位有着较为密切的联系，或已在某个行业、学科中具有较高的学术声望，因此，他们的推荐容易引起用人单位的重视和信任。当然，父母、亲友的推荐可帮助毕业生扩大自荐的范围，为自己成功择业助一臂之力。

(三)中介机构推荐

这是把自己的择业信息发送到社会就业中介机构，由他们向用人单位推荐的一种他荐方式。这种方式最大的好处是就业中介机构对外联系广泛，择业面广。但是中介机构只能作为一个客观的中间环节，对于供需双方缺乏深入的了解，而且一些中介机构受到利益驱动，可能会收取一定的中介费用，所以在目前情况下，利用中介机构推荐只能当成扩大就业面的一种选择。

三、实习转就业

在经过一段时间的学习之后，或者说当学习告一段落的时候，大学毕业生需要了解自己的所学需要或应当如何应用在实践中。因为任何知识源于实践，归于实践，所以要付诸实践来检验所学。大学毕业生的实习一般包括大学里的学生的实习和公司里安排员工实习。企业的硬性要求往往会成为实习生被留用转正的门槛。通过实习，使刚毕业的大学生可以验证自己的职业抉择，了解目标工作内容，学习工作及企业标准，找到自身职业的差距。

当大学生在了解自我的基础上确定未来的职业理想时，需要以身试水，需要在真刀真枪的实际工作中检验自己是否真正喜欢这个职业，自己是否愿意做这样的工作。举例来说，如果你想做文案的工作，但是当你在广告公司工作之后你发现自己并不是很喜欢文字工作，那你就要重新思考自己的职业抉择了，这样就可以及时地纠正和反馈自己的职业发展轨迹。在确定自己适合文案工作后，那你就要明确文案工作的所有内容，文案工作的一天要怎么度过？文案工作的核心是什么？文案工作要与哪些部门打交道？文案工作所需的核心能力是什么？实习不单是为了落实工作，更包括要明确自己与岗位的差距以及自己与职业理想的差距，并在实习结束时制订详细可行的补短板计划。当你从明确差距弥补不足的高度来看待实习时，你会在实习中得到更多收获。

对于企业来说，实习提供了观察一位潜在的长期员工工作情况的机会。如果能力优秀的话，在取得毕业证后，用人单位将与其认可的毕业生签订劳动合同。因此把握好实习，能够使自己的优势最大化，从而取得用人单位的认可，从实习转为就业不失为一种很好的选择。

课堂拓展

转正小贴士

1. 成长是自己的事，别盼着高人指点

职场中，那种"高人指点之后一夜顿悟"的事情是几乎不存在的。只有你本身优秀，做事负责靠谱，有自我驱动力，才会有人愿意教你带你。上司只会丢下一堆工作，然后告诉你什么时候交给她。至于怎么操作，只能靠自己去学习、摸索，不要一味指望着有谁来手把手地教你。

2. 认清实习生的身份，脚踏实地

可能你在学校是叱咤风云的学生干部，但在职场中，你只是带有学生气的实习生。公司不可能一开始就让实习生接触核心业务，也可以说，公司并不指望一个实习生能够真正创造多少价值。公司让实习生做的事情，更多的时候都是些小事，但公司也在通过这些小事来观察实习生，观察他们的态度、潜力和发展性。

3. 不要满足于闷头干活，反思必不可少

(1)到底学到了什么对自己未来有用？这些东西是否还得深化？

(2)自己还有哪些不足之处？如何弥补？就算你没学会什么，至少要发现点什么。

(3)自己在实习这个阶段给企业做了哪些小贡献？这体现了自身哪方面的价值？这种价值能否继续发展、放大？

(4)自己是否真的适合这个行业？如果合适，根据前4个问题制订提升计划；如果不合适，立刻止损。

4. 要自动自发，积极主动

(1)接到任务要积极主动，不能留下爱推脱或拖延的印象。

(2)主动去和公司里不同岗位的人打交道，可以向他们咨询、了解很多事情。主动了解其他岗位，或许可以看到很多可能性。如跟人力部聊企业的招聘流程，你会知道发布渠道、用人周期什么的，绝对对你未来有益。而且说不定通过与他们的深度交流，发现自己真正擅长和喜欢的岗位。

(3)不会的事情要主动去问，没有人是一开始什么都懂什么都会，在边学边问边的实践过程中成长起来。

(4)主动找事情做，如果你老是闲等别人的安排，那你已经输了。就算是真的没有事情做，就主动观察，看别人的工作是怎么做的，多观察也会有许多收获。

(5)主动反思。因为没有经验，做事情的时候难免会有挫折感、失败感，这时不能消极，要学会总结、反省、调试，所谓经验，不是看你的经历，而是看你的总结，这是最重要的。

第六章

求职技巧

▶ 第一节　笔试及笔试技巧

大学生求职通常会面临两道重要关卡，就是"笔试"和"面试"。对大学毕业生而言，笔试并不陌生，但是求职过程中遇到的笔试与学习成长经历中所经历的学业考试仍然存在一定差别。求职中的"笔试"究竟是什么？大学毕业生该如何应对？

一、求职笔试及其常见类型

"笔试"是当前用人单位录用人才时使用的一项非常普遍的测试，是用以考核应聘者特定的知识、专业技术水平和文字运用能力的一种书面考试形式。这种方法可以有效地测量应聘人的基本知识、专业知识、管理知识、综合分析能力和文字表达能力等素质及能力。大学毕业生都经历过高考，高考就是一场"笔试"。二者相同点都是在规定的时间内作答题目。而求职过程中的"笔试"相较于高考，题型更加多样，考察的重点也有所不同。

(一)常见求职笔试类型

1. 专业考试

专业考试主要是为了检验大学毕业生的专业知识水平和相关能力。用人单位在一些专业性要求较高的岗位上，需要通过笔试的方式对大学毕业生的专业水平进行考核。例如，外贸外资企业招聘职员时通常会测试应聘者的外语水平。另外，如果关注公务员考试就会发现，涉及专业技术的单位或岗位，如国家金融办或者是公检法等专业单位的某些岗位都会在招考简章中备注的有需要加试金融知识、法律知识等测试。这些都是专业考试。

2. 心理测试

心理测试一般要求求职者完成事先编制好的标准化问卷。通过心理测试，用人单位可了解大学毕业生的态度、兴趣、动机、智力、个性等心理素质。但尤其需要注意的是心理测试的答案并无正确错误之分。心理测试仅仅是为了帮助面试官去了解求职者的行为趋势是什么样的，从而为其在面试或者做判断的过程当中提供一些知识性的资料和信息作为参考。因此求职者在作答过程一定要听从自己的直觉和真实的声音，不要要小聪明去猜测如何获得最高分。因为心理测试题目中通常也隐藏了诚信测试，如果出现前后不一致的答案，一定程度也会影响用人单位的录用决策。

例如：有一天，你到原始森林进行探险，遇到了五种动物跟着你。这五种动物分别是孔雀、猴子、大象、老虎和狗。带着这五种动物，由于四周环境危险重重，你迫于无奈要把他们一一放弃。你会按照什么次序把它们放弃呢？

老虎代表「你对权力和金钱的欲望」。优先选择放弃老虎的话、代表权力和金钱是你人生中最不重视的。

猴子代表「小孩」。优先选择放弃猴子的话，则代表你心中觉得你的子女长大不需要过多关注，也可以认为是你没有生育孩子的计划。

大象代表「你的父母」。优先选择放弃大象的话，表示你心中觉得你的父母已经不在了，或是父母在你成长过程中并没有给予太多的支持。

孔雀代表「你的伴侣、爱人」。优先选择放弃孔雀的话，则代表伴侣、爱人可能是经济上、教育上、家庭责任承担上角色功能性不足，或根本没有结婚的考虑。

狗代表「你的朋友」。优先选择放弃狗的话，说明你心中其实觉得友情是不稳固的、不需要花费精力特别维系的。

3. 智力测试

智力测试主要测试求职者的分析和观察问题能力、综合归纳能力、思维反应能力。这类考题往往具有一定难度，并且具有开放性。通常会给予大家一个需要推理、归纳、总结的应用题，或要求大家通过常规手段处理难以解决的问题等。

例如：一头牛重800公斤，一座桥承重700公斤，牛怎么过桥？同学们，请你们开动脑筋，想一想有什么解决办法？

4. 命题写作

有些用人单位会通过议论文或公文写作的方式考查求职者文字表达能力及分析归纳能力。比如，提出一个论点让大家予以论证或辨析等，还有的可能要求大家限时写出一份会议通知、请示报告或某项工作总结。

例如：近期由于暴雨天气，多数省份遭遇洪涝灾害，请你根据给定分析材料，给上级写一份灾情报告。同学们，请构思一下，如果是你，将如何来完成这份报告呢？

（二）笔试的表现形式

从表现形式上看，笔试可以采用选择题、是非题、匹配题、填空题、简答题、综合分析题、案例分析题以及撰写论文等多种试题形式，且每一种试题形式都有它的优缺点。例如，选择题，是非题、匹配题、填空题、简答题等类型的试题，适合测试应聘者的一般和专业知识水平；综合分析题可以测试应聘者某种职业能力；案例分析题能够检测应聘者的认知力理解力、分析力、判断力、思辨力等能力；撰写论文能使应聘者以文字形式表达对某一类问题的看法，既可以展示其聪明才智，也能反映其价值观、世界观、人生观。从试题的内容上看，笔试试题主要包括技术性笔试和非技术性笔试。

1. 技术性笔试

技术性笔试主要针对研发型和技术类职位的招聘。这类职位的特点是对相关专业知识的掌握要求比较高，笔试题目的特点是主要多涉及工作需要的技术性问题，专业性比较强。这类考试的结果与同学们的大学四年的学习成绩密不可分。一般大型公司，如 IBM、Microsoft、Oracle 等在招聘 R&D 职位时都会进行技术性笔试。例如，微软工程院在招聘时其笔试内容都与 C、C++ 语言有关，对应聘者的编程经验要求非常高，最后经过笔试筛选，淘汰了 90% 的候选者。由此可见笔试对技术性职位非常重要。

对本科生而言，专业笔试主要考查基础知识、基本技能，一般都是专业基础课，如电路分析、模拟电路、会计学、财政学等。大学毕业生张某在谈到他在中国移动的最后一轮笔试时说："当时笔试的内容主要是技术型问题，我都没听说过的技术，结果我只能结合自己的知识写了我的看法，结果过了，我猜他们可能只是想看看我有没有那个常识应聘编程职位。"

对于这类技术性岗位，大公司和小公司的笔试内容的侧重点有很大区别的。一般小公司注重实用性，考得比较细，目的就是拿来就用。大公司则强调基础和潜力，所以考得比较宽泛，多数都是智力测验、情感测验，还有性格倾向测验。

2. 非技术性笔试

非技术性笔试的考察内容相当广泛，除了常见的英文阅读和写作能力、逻辑推理能力、数理分析能力、知识域、语言理解和表达能力外，有时还会涉及时事政治、生活常识、情景演绎，甚至智商测试等。

英文阅读与写作能力考察的重点主要是大学毕业生的阅读理解能力和写作能力，即表达能力。逻辑推理能力的考察主要包括两种题型，一是图形的推理题，指通过寻找一定的规律来找出相似的图形或者不属于同类的图形；二是文字的分析推理题，考察对充分条件、必要条件和充要条件的理解和判断，这类题目多以生活化的场景来演绎，并不拘泥于简单的数学表达形式。数理分析能力考察的典型题型包括数列的规律、速算、对平面几何和立体几何相关知识的一些简单应用。知识域考察的主要内容包括一些常识性问题和时事内容，这类题目涉及的知识范围比较广，如三角形中一个"!"的交通标志表示什么意思？电脑内有病毒怎么处理？"知人者智，自知者明"出自哪里？语言理解和表达能力的考察类似于高考的语文，如判断句子的语病、选择合适的词填入、辨析成语、归纳句群大意等。

二、笔试技巧

了解上述常见的笔试分类，大学毕业生可以从以下几方面做准备以便顺利通过"笔试"的考验。

(一)心理暗示增强自信

心理暗示是指人接受外界或他人的愿望、观念、情绪、判断、态度影响的心理特点，也是人们日常生活中最常见的心理现象。心理学家巴甫洛夫认为：暗示是人类最简单、最典型的条件反射。从心理机制上讲，它是一种被主观意愿肯定的假设，不一定有根据，但由于主观上已肯定了它的存在，心理上便竭力趋向于这项内容。我们在生活中无时无刻不在接收着外界的暗示。

例如，三国时期，曹操率领部队去讨伐张绣。时值七、八月间，骄阳似火，万里无云，士兵们口渴难忍，行军速度明显变慢，有几个体弱的士兵由于体力不支晕倒在道旁。曹操见状，非常着急，心想如果再这样下去，部队根本不能如期到达目的地，战斗力也会大大削弱。于是他叫来向导，询问附近可有水源？向导说最近的水源在山谷的另一边，还有不短的路程。曹操沉思一阵之后，一夹马肚子，快速赶到队伍前面，然后很高兴地转过马头对士兵说："诸位将士，前边有一大片梅林，那里的梅子红红的，肯定很好吃，我们加快脚步，过了这个山丘就到梅林了！"士兵们一听，不禁口舌生津，精神大振，步伐加快了许多。这就是望梅止渴的故事。曹操这位历史上出色的军事家和政治家，利用了心理学中十分重要的一种心理现象——暗示。不只曹操，生活在社会中的每一个人，都会进行暗示活动。积极善意的心态，往往会给出积极的暗示，使他人得到战胜困难、不断进取的力量；反之，消极恶劣的心态，则会使他人受到消极暗示的影响，变得冷淡、泄气、退缩、萎靡不振等。俗话说"好言一句三冬暖，恶语伤人六月寒"，说的就是这个道理。因此，当我们发现他人有可能接收到自己的暗示时，也要注意暗示的方式和度，尽量使他人接受积极的、适度的暗示。

每当我们经历重大考试等场合的时候，总是很难避免出现一些焦虑、抑郁、紧张的情绪，一旦这些负面情绪占据上风，往往就会对事件的最终结果产生极大的反作用，甚至会直接或间接地影响我们做出某些极端行为。这说明真正影响我们的并不是那个还没出现的"坏结果"本身，而是在结果来临之前，被自己的绝望心理吓倒了，心里只剩下一个想法——逃离。正如很多高考状元所言，促使他们发挥良好的并不是挑灯夜读的学习习惯和考试技巧，更重要的是考试之前良好的心态。

所以，大学毕业生可通过心理暗示增强自信。缺乏自信心往往会产生怯场、逃避等不良心态。大学毕业生在求职时应客观冷静地对自己进行评估，克服自卑心理，增强自信。大家要明白，与高考不同，求职中的考试并不一定"一锤定音"。因此，没有必要过分紧张，要适当放松心情，调整好精神状态以饱满的信心走入考场。常用的心理暗示法有以下3种。

(1)语言暗示法。心理学研究表明，语言的暗示作用可极大地激发人的潜能。特别是在催眠状态下，人的思维活动可以完全受语言暗示的支配。事实上，人类自从有了语言以来，就一直受其暗示作用。例如，成语中的"画饼充饥""望梅止渴"等，都是力图通过语言暗示来改变人们的心境。

例如：今天我是最好的！今天一定考得尤其好！今天一定比平时考得好！今天就看我的！

(2)食物暗示法。食物暗示法是通过食用某种特定的食物或饮用某种特定的饮料来起到愉悦情绪、调适心境的作用。用俗话讲，这就是图个吉利，求得心理的安慰。在桂林市旧靖江王府（现广西师范大学校园）内，有一眼福泉井，据说当年广西地区参加科举考试的士子们为了能夺魁中举，无不饮用其水，以祈求神灵保佑。其实对于大学毕业生来讲，如果有哪种食物或饮料可以令他增强斗志，那么它就应该成为他的首选食物，并不断运用食物暗示法，巩固成效。吃什么、喝什么是次要的，重要的是能给自己心里垫个底。

(3)情景暗示法。情景暗示法是通过想象某个特定情景来愉悦情绪，调适心境。情景暗示的画面可以是熟悉的场所，也可以是生疏的场所，这都无关紧要。重要的是它可以令人一想到某个画面，就感到情绪振奋、心情愉悦。对于大学毕业生来讲，如果有哪个情景可以令他增强斗志，那么这个情景就应该成为他的首选暗示情景，并不断加以运用，以巩固成效。例如，第一次拿奖的场景；解出难题的场景；演讲赢得掌声的场景。

(二)搞懂每个行业笔试的题型

同学们需要了解的是笔试试卷一般分为两类，一种综合了数学计算、逻辑测试、阅读理解等多种题型的综合测试；另一种是专业的试卷，客观题和主观题都有。前者考查学生的综合素质，后者反映学生在专业领域的知识水平和能力。不过，不同行业的笔试题都会有些许不一样，所以要针对性地做准备。比如说，四大会计律师所笔试采取的是线上形式，包括了推理分析、英语能力和性格测试三大类，而银行的笔试一般采用线下的机考形式，机考内容除了含有其他企业常用的逻辑推理测试题外，还要求求职者掌握一定的金融学、经济学等知识。例如，互联网行业笔试一般分为技术岗和非技术岗，非技术岗主要是产品、运营这类，所以笔试题更加倾向分析和推理，而技术岗的笔试一般考查基础知识和编程题。因此，大学毕业生对考试题型有了充分认识和了解，再逐一攻克自然不在话下。

(三)科学答卷提高成绩

笔试既然作为一项考试，与大学生以往所经历的考试是一样的，求职中的笔试也有一定的方法和技巧，应重点注意三个方面。

1. 通览试卷确定答题顺序

大学毕业生不管参加什么考试，在拿到试卷后首先应通览一遍，了解这场考试的题目有多少以及难易程度如何，以便掌握答题进度，合理安排答题时间；然后按照先易后难的原则安排答题顺序。

比如，公务员考试中行测通常分为常识判断、言语理解、数量关系、判断推理、资料分析五大专项。如果一个文科较好，数学较差的同学应试，可以先做最简单的常识判断或者最拿手的语言理解，把最难的数量关系放到最后。这样既能有效把握考试时间，也不会因为一开始题目过难而影响到考试时的答题状态。

2. 放弃过难题复查易错题

大学毕业生在考试时不要被过难题所困而耽误时间。如果一道题在平均答题时间以内还没有明确的头绪，就先放下，最后有时间再回来思考。招聘单位通常在设置考试题目时设计一些陷阱题，如选择、判断题中常有一字之差但答案反转的题目。

比如公务员行测考试曾经出现过这样一道题目，"3位采购员定期去某市场采购，小王每隔9天去一次，老杨每隔7天去一次，两人星期二第一次在这里碰面，下次相会将在星期几？"很多同学这道题出错在于把"每隔几天"误看成了"每几天"，每隔9天实际上是每10天的意思，虽然只差一个字，答案却截然不同。

再比如，行测的必考题目逻辑填空，一直是令许多考生头疼的一种题型。尤其是理工科专业背景的同学，虽然在一定程度上能够理解部分近义成语等词语的含义，但是一旦选项中涉及一些易混淆成语时就会纠结。例如"一个好的文化创意，往往能够为虎添翼，把沉睡的乡村文化资源唤醒，实现十倍百倍的增值效应"。大家能否发现这句话的问题所在呢？其实，问题出现在成语"为虎添翼"。这里很容易将为虎添翼看成如虎添翼。如虎添翼是指好像老虎长上了翅膀，比喻强有力的人得到帮助变得更加强有力，是褒义词。而为虎添翼是指替老虎加上翅膀，比喻帮助坏人，增加恶人的势力，是贬义词。虽然只有一字之差，但含义却相差千里。

所以，大学毕业生在参加求职笔试时最后要尽可能留出时间对这一类简单但易错的问题进行复查。

3. 字迹工整提升卷面效果

对于一些小型考试，用人单位通常选择用人工阅卷，所以卷面效果对得分的影响很大。答题时行距、间距和字迹不宜太小，求职者应根据答题内容合理安排书写位置，卷面字迹要力求整齐、认真、清晰。招聘笔试不同于其他专业考试，有时招聘单位并不仅仅在意求职者考分的高低，大家认真的态度、严谨的作风也会大大增加被录用的可能性。

（四）调整作息保持身心健康

"身体是革命的本钱"，良好的心理和身体状态是考出好成绩的必要保证。大学毕业生在参加求职考试前要保持充足的睡眠，还可以参加一些文体活动，使高度紧张的大脑得到放松和休息，以充沛的精力参加笔试。切不可打破原有生活规律，每天"声色犬马"。有的大学毕业生可能会因考前焦虑而失眠，面临晚上睡不好的问题。下面推荐几个助眠的方法。

（1）热水泡脚。泡脚本身就是一件特别养生的行为，大学毕业生在求职备考期间压力大，身体长时间处于极度紧张状态下，泡脚也可以适当地缓解身体的紧绷感和疲惫感。

（2）听音乐。应尽量选择舒缓的、助眠的音乐。可以听自己喜欢类型的音乐，比如听温柔的英文歌曲。另外可以在一些音乐平台上选择自己喜欢的声音元素，如雨声、大海的声音等，这些都会有助于保证睡眠质量。

▶ 第二节　面试及面试准备

当顺利通过笔试，就迎来了求职终极考验——"面试"。一提到面试，许多大学毕业生都会心生胆怯、如临大敌，特别是一些较为内向的同学，会不自觉地产生"社交恐惧症"，唯恐当场"社会性死亡"。其实，面试没有什么可怕的，特别是在信息发达的当今，面试考场里的"门道"早已不再是秘密。当揭开它神秘的面纱之后，就会发现面试也就那么一回事儿。

一、面试及其常见分类

面试是通过当面交流的形式来考察一个人的工作能力与综合素质，是一种经过组织者精心策划的招聘活动。在特定场景下，以面试官对应聘者的交谈与观察为主要手段，由表及里测评大家知识、能力、经验和综合素质等。简单理解，面试就是需要现场、当面回答招聘者提出的问题。这既是用人单位对大学毕业生的考察，也是大学毕业生在就业前深入了解用人单位的一个重要窗口。所以，面试为用人单位和求职者提供双向交流的机会，从而使双方都能更准确地做出聘用与否、受聘与否的决定。一般来说，面试的目的是考核求职者的动机与工作期望；考核求职者仪表、性格、知识、能力、经验等特征；考核笔试中难以获得的信息。

面试的分类方式非常多元。例如可以按同时面试人数分为单人面试、多人面试；或者从考察的能力划分为专业知识面试、工作能力面试、应变能力面试等。虽然面试的组织形式多种多样，但万变不离其宗，大学毕业生可从考题的类型逐一入手学习，掌握面试规律。本教材主要根据考题结构和组织方式的不同，重点介绍结构化面试、半结构化面试和非结构化面试这三种面试类型。

(一)结构化面试

结构化面试是根据特定职位的胜任特征要求，遵循固定的程序，采用专门的题库和评价标准，由面试官对求职者进行面对面提问。

结构化面试能帮助面试官发现求职者与招聘职位相关的各种具体表现，在这个过程中面试官可以获得更多有关候选人的职业背景、岗位能力等信息，并且通过这些信息来判断该候选人是否能成功胜任这个职位。因此，进行科学有效的结构化面试，将帮助企业对求职者进行更为准确的个人能力评估，降低企业招聘成本、提升员工绩效。尽管结构化面试也是通过面试官与求职者之间的交流来进行的，但从形式到内容上，它都突出了标准化和结构化的特点。比如，结构化面试要求面试题目与报考相同职位的应考人数应该相同；面试官的数量至少在2人；典型的结构化面试还要求在对拟任职位进行工作分析的基础上编制面试题目。正因为如此，结构化面试的实施过程更为规范，面试结果也更为客观、公平、有效。结构化面试是最为普遍和通用的面试方式，例如公务员面试就是典型的结构化面试。

结构化面试应答基本原则包括以下8点。

1. 实事求是

求职者在回答考官的问题时要从本人的实际情况出发，正确地对待和处理考官的发问。实事求是不仅容易在面试中赢得面试官的信赖，也是为人行事的基本原则。大学毕业生在面试中被问及回答不出来的问题，坦诚地承认"不知道"并表示歉意，也好过胡乱猜测，妄加评议。

2. 随机应变

进入面试考场中，很多人都会觉得很被动，脑子里一片混乱。其实大学毕业生在面试时完全可以主动出击，化被动为主动，将话题的重点转移到自己精通的知识面上，甚至也可以向面试官提出一些合理的建议，以显得自己头脑灵活、谈吐清楚、反应敏捷。

3. 逻辑严密

在面试中，没有什么是标准答案，只要能自圆其说，并言之成理都是值得嘉许的。但一定要组织严密且有层次性，忌胡言乱语，随意编造，以免让自己的面试倒扣分。

4. 推陈出新

前文提到面试没有标准答案，但如果大学毕业生在面试中使自己的答案成了千篇一律的标准答案，就突出不了自身的个性和特点，也会让面试官不胜其烦。因此，推陈出新，别出心裁，会让考官眼前一亮。

5. 加深理论

在面试中泛泛而谈或单调呆板都显示出求职者知识的欠缺和理论功底的薄弱。因此，大学毕业生在面试回答中适当地引用党的方针、政策、国家法律法规、名人名言、具体事例和数据都会使面试增色不少。

6. 辩证分析

看问题不能只看一个方面，大学毕业生在面试中要用辩证的思维来组织答案，做到客观、公正、公平、高瞻远瞩。避免偏激和强词夺理，使自己陷入自相矛盾的境地。

7. 避免诡辩

面试的最终结果并不是为了决一胜负，而是通过问答的过程向面试官展示求职者即大学毕业生个人的才华和魅力。一味地诡辩，只会让面试官认为你缺乏大度的胸襟，过分骄傲而招致其反感。相反，即使承认自己不知道，反而证明自己虚怀若谷、有进一步加强学习和上进的强烈愿望。

8. 态度温和

"有理不在声高"。大学毕业生在面试过程中要做到彬彬有礼，不卑不亢，即使在被面试官连番追问的情况下，如果能保持一份自信、从容和淡定，就能为自己加分。同时，大学毕业生也可对面试官提出的疑难问题表示感谢，感谢他给予你的表现机会。

课堂延展

大家可以尝试回答以下结构化面试问题。如果你是考生将如何作答呢？

1. 富兰克林说："我们去追求工作，而不是工作来追求我们"。谈谈你对这句话的看法？

2. 孙悟空大闹天宫的时候一打一个准，但是跟随唐僧取经却很多妖怪都打不过，甚至找人帮助，有人说这是大闹天宫时他是创业者，取经的时候他是守业者，那么你对创业容易守业难怎么看？

3. 领导交给你和同事一起办一件事情，但同事态度不积极，影响了工作开展，你该怎么办？

4. 由于你对工作不熟悉，导致给群众办错了事，群众很生气，你该怎么办？

5. 单位计划开通微信公众平台，要针对群众、单位成员感兴趣的话题发布信息，领导让你负责调研此事，请谈谈你的做法。

(二)半结构化面试

半结构化面试是介于非结构化面试和结构化面试之间的面试。包括两种方式：一种是主试者提前准备重要问题，但不要求求职者按照固定次序提问，且可在面试过程中对需进一步了解的求职者的能力、素质等方面进行追问；另一种是主试者依据事先规划的一系列问题来对求职者进行提问，根据不同的工作类型设计不同的问题表格。半结构化面试在面试中特别是企业面试中非常常见。当前部分地区对公务员招录的面试进行了改革，增加了追问环节，这就属于半结构化面试。

(三)非结构化面试

非结构化面试亦称"随机面试"，就是既没有固定的框架、模式，也没有固定的答案，面试官可以"随意"地提问。这种考试类型不适用于大规模考试，对面试官水平要求较高，在一些大型企业招聘中时有出现，特别是在中高层次管理岗位的招聘中出现的频率较高。一般来说非结构化面试中多采用案例分析、头脑风暴、情景模拟等方式。

1. 案例分析

案例分析就是让求职者在有限的时间内模拟分析真实的案例问题。案例分析与其他面试形式的最大区别就是它的实践性。面试官提供有关一个特定问题的信息，由求职者进行分析并给出结论。

在做案例分析时，求职者的工作是基于提供给信息进行合理的假设，之后向面试官提问一些逻辑性良好的问题，进一步收集信息，最后做出总结并提出建议。大多数的案例分析并没有某个特定的正确答案。面试官希望通过观察求职者分析案例的过程，测试其反应能力和创新能力。如能给出面试官都想不到的解决方案，即使这个方案并不成熟，那么求职者的表现也将属于最出色的。

2. 头脑风暴

头脑风暴主要是考察求职者的逻辑思维能力和创新思维能力。随着社会的发展以及面试结构的不断完善，头脑风暴将越来越多地被用到面试中。求职者是否具备快速的反应能力和缜密的逻辑思维能力，通过头脑风暴可以很快地检测出来。

3. 情景模拟

情景模拟测试法是一种非常有效的选择方法。它是将求职者放在一个模拟的真实环境中，让求职者解决某方面的一个"现实"问题或达成一个"现实"目标。面试人员通过观察求职者的行为过程和达成的行为结果来鉴别求职者的处理工作能力、人际交往能力、语言表达能力、组织协调能力、考察事务能力等综合素质能力。

案例延展

《曾国藩家书》里有这样一个案例[①]，晚清名将曾国藩，据说懂一些心理学，看人很准，能文能武。曾国藩对选拔人才有自己的一套流程和方法。当年，曾国藩创立湘军与太平军作战时，已经受到清朝皇帝的重任。有一次他的学生李鸿章带了三个人来见曾国藩，说希望重用这三个人，来请示曾国藩。李鸿章带着三个人来拜见曾国藩，曾国藩进入大厅，见三个人小心翼翼，都在门口站着。曾国藩进门的时候，快速地看了一眼这三位候选人，就对三个人生成了一个印象分。进了大厅后，他对李鸿章说：中间那位壮士可以用，左边的可以小用，右边的人不可用。

李鸿章不解地问："为什么？这么短时间内，您通过什么对他们有了这么快速的判断呢？"曾国藩回答道："左边的那个，我看他的时候，他马上就低下头，不敢再和我对视，此人内向，是个老实人，可以小用，但个性胆小自卑，

---

①　案例来源：节选自知乎文章《非结构化面试——成功逆袭靠这几点》，有删改。

不能做大事。右边那个，我看他的时候，他也低头，但我不看他的时候，他又在偷偷地瞄我。此人心机颇重，而且有强烈的欲望，是个祸患。中间的那个，我看他，他也看我，而且挺胸抬头，不卑不亢，可见内心坦荡，是个君子，可以用。"

李鸿章按照曾国藩的建议，提拔了中间的那个人，果然没错，此人是个人才，一度成为李鸿章的左膀右臂、清朝的一方大员。他是谁呢？他便是淮军著名的将领刘铭传，台湾第一位巡抚，镇压太平天国的功勋之臣。

二、面试准备

在求职面试前，大学毕业生一定要做好以下几个方面。

(一)做好心理准备

对于大学毕业生来说，面试最大的难关就是克服内心的恐惧。有不少同学，平时侃侃而谈，但在面试中却过于拘谨，没有完全展现出自己的能力和风采。所以，做好必要的心理准备是面试成功的第一步。大学毕业生在面试前要先建立自信，既要在战术上重视面试，也要在战略上蔑视它。面试是一个双向选择，既是用人单位对求职者的考察，也是求职者对用人单位的重新审视。所以，大学毕业生在面试备考时应放松心情打好心理基础。

(二)了解用人单位

古人说"知己知彼百战不殆"。面试和打仗有着同样的道理。因此在面试前应充分了解用人单位的情况。一般来说，大学毕业生在准备面试时可通过用人单位的网站、自媒体平台等渠道来了解相关信息。如果对应聘单位的情况一无所知，面试时则容易处于被动地位，也容易给招聘单位留下"你不在乎"的不良印象。

(三)加强训练

大学毕业生在校期间相对缺乏面试经验，所以在面试前一定要进行面试技巧训练。可以通过面试讲座、有关书籍、视频来获取面试知识。特别推荐与同学一起开展模拟面试训练。如果没有条件，也可以对着镜子，利用录音录像设备，自己给自己打分，开展模拟训练。

(四)充分准备

大学毕业生在参加面试前要准备好个人简历以及有关证书。在个人简历等文本上提前下功夫，简历中应该着重突出自己与岗位所要求相符合的能力素质特点，并熟记自己的求职简历内容。用人单位通常会根据简历进行提问，如果面试时的回答与简历有差距，必定会让用人单位产生怀疑。比如曾经有同学在简历中写道，自己曾经担任学生分会干部。但面试时，面试官提问是否有在校组织活动经历时，学生却回答没有。这显然与简历中陈述的事实不能对应，给面试官留下了非常不好的印象。

需特别注意的是，大学毕业生在面试前应该提前将自己的"个人偶像""人生格言""重要工作经历介绍"等常见问题拟好草稿，熟记并反复练习。这样才能做到以不变应万变。

▶ 第三节　面试技巧

一、塑造良好第一印象

（一）面试第一印象构成要件

1. 着装仪表

着装礼仪上应遵循 TPO 原则，即着装要符合时间（time）、地点（place）、场合（occasion）的要求。大学毕业生参加面试时处于一个非常正式的场合，所以服装选择上以正装、套装为宜。同时要遵守正式场合着装三色原则：男士穿西装时，全身上下的颜色应尽量控制在三种之内；女士在色彩方面可适当灵活搭配，但切忌颜色过于杂乱。

俗话说，细节决定成败。大学毕业生在面试时除了需按要求准备着装，还应该注意一些细节问题。

（1）头发。头发的整洁度远比发型重要。不必刻意做造型，但是一定要保证干净整洁，发型不必太过刻意，但刘海不要遮眼、遮脸。

（2）配饰。总体要求是化繁为简。平时不戴首饰的人，面试时最好不戴。尤其男士，面试时穿戴造型夸张的眼镜或手表，耳环、耳钉都是不太合适的。女生面试时应选择秀气、简单的首饰。

（3）袜子。男生袜子颜色不浅于裤子颜色。女生不穿裤子或穿着颜色图案过于夸张的袜子都是面试禁忌，袜子长短应选择坐下时不会露出小腿为宜。

2. 进门礼仪

面试过程中如果没有人通知，即使前面一个人已经面试结束，也应该在门外耐心等待，不要擅自走进面试房间。等自己的号码被喊到，就有力地答一声"是"，然后再敲门进入。听到"请进"后，再进入房间。开门后应转过身去正对着门，用手轻轻将门合上。回过身来将上半身前倾 45 度左右，向面试官鞠躬行礼，面带微笑称呼一声"各位考官好，我是＊＊号考生!"大学毕业生在面试中要尽量做到彬彬有礼、大方得体，不要过分殷勤、拘谨或过分谦让。在没有听到"请坐"之前，不要私自落座，等考官告诉你"请坐"时才可坐下（有些面试官会用手势提示坐下），坐下之前应道声"谢谢"。

3. 肢体动作

不论是站姿还是坐姿，大学毕业生在面试过程中一定要做到身体挺拔，展现出自信大方的一面，不能给人有失庄重、轻浮傲慢的印象。大学应届毕业生因为紧张的原因，不自觉会在面试中出现抓耳挠腮等小动作。在这里教给大家一点小技巧：如果是手部动作比较多，参加站立面试时可以将双手交叉，一只手轻轻捏住另一只手的四指自然垂放在腹部下方；如果参加坐立面试可将双手交叉叠放在大腿根部，如果前方有桌子可以十指交叉自然放在桌子上。这样手有了束缚，也就自然减少了小动作。

4. 语言表达

大学毕业生在面试时要做到自然诚实，口齿清晰，语言流利，文雅大方。还要注意控制说话的速度，以免磕磕绊绊，影响语言的流畅。为了增添语言的魅力，还应注意修辞，忌用口头禅，更不能有不文明的语言。

面试时要注意语言、语调、语气的正确运用，语气平和，简明扼要，通俗易懂。自我介绍时，最好多用平缓的陈述语气，不宜使用感叹语气或祈使句。音量的大小要根据面试现场情况而定。两人面谈且距离较近时声音不宜过大，群体面试而且场地开阔时声音不宜过小，以每个主考官都能听清你的讲话为原则。通俗朴实是对求职者语言风格的要求，即指求职者的语言通俗易懂，朴实无华。如果求职者的言语不通俗朴实，面试官就可能听不懂，就无法解释你谈话的内容，进而影响对你的了解和评价。因此，求职者说话一定要注意突出口语的特点，努力做到上口入耳。这就对求职者的语言表达提出了要求，首先要通俗化、口语化；其次要质朴无华。如果片面追求语言的新奇华丽，过分雕琢，就会给人以炫耀之嫌，必定会产生反感。所以语言贵在朴实、生动、表达真情实意，态度真诚。

二、升华面试第一印象

(一)回答技巧

面试考察是通过一系列问答，来充分考察求职者是否符合岗位要求，以实现人岗匹配。大学毕业生作为求职者在作答过程中要注意以下技巧。

1. 先说论点后说依据

在回答面试提问时，求职者要考虑自己所说内容的结构，用尽可能短的时间组织好说话的顺序。一般来说，回答问题时首先提出你对问题的基本观点，然后再逐一用资料来论证、解释。这样在一开始就向主考官表明清晰、明确的态度，也更能使主考官抓住你答案的要点。

2. 扬长避短

俗话说：尺有所短，寸有所长。每个人都有自己的优势与不足，如何在有限的时间内将自身的优势充分展现出来，扬长避短、显示潜力，是一种艺术。当然，扬长避短，既不是瞒天过海，更不是弄虚作假，而是对自身灵活性与掩饰性技巧的体现。很多时候，面试官会刻意问一些失败的案例。大学毕业生在回答这类问题时就需要有所侧重，不要把太多时间都浪费在描述自己的短板上，而是着重放到从失败事情中吸取的经验和教训。最关键的是这些经验和教训给你带来的都是一些积极乐观正面的启发。遇到这类问题，可以尝试 STAR 法则。所谓 STAR 法则，即 situation(情境)、task(任务)、action(行动)、result(结果)。也就是说我们回答要依次描述出 stuation 情境：当时的工作背景是什么；task 任务，你的工作任务、工作职责是什么；action 行动，在这样的情况你是怎样做的；result 结果，这项工作取得了什么样的结果。

3. 多举实例

求职者在面试中可以适当通过举例来论证说明，有道是"事实胜于雄辩"，适当举例会使自己的观点得到更加充分的论证。通过举例来讲清事情原委，避免抽象。很多时候面试官提问是想了解求职者的具体情况，切不可能简单地仅以"是"或"否"作答，有的需要解释原因，有的则需要说明程度。比如，考官问到是否有在校组织活动的经历，在给予是或否的答案之后还应详细说明。这里也可以参照 STAR 法则，如果回答是否，也不可直接结束，应当再予以一定的解释或者说明。

4. 不要怕停顿

当碰到一个需要经过认真思考才能回答的问题时，不要急着很快给予答复，仔细地想一想自己应该怎么回答。这样的停顿表明求职者对面试官提出的问题的重视。也同样可以在某种程度上展现求职者的自信和成熟。

(二)提问技巧

面试过程中，除了要回答面试官的问题外，求职者向面试官提问也是必不可少的环节。通常面试结束时，面试官会问"你还有什么问题吗"。求职者在提问这一环节上也应注意方式方法，否则提问不恰当很有可能将所有的努力付之东流。一是注意提问的方式、语气。要给人一种诚挚、谦逊的感觉，避免使用辩论式、质问式或者咄咄逼人的判断式的问句，这样会引起反感。二是注意提问的内容。求职者在提问时注意"三不问两问"。

1. 不要问"小白"问题

提问题环节是面试官对求职者考察的一部分。求职者在提问的时候切忌问一些"小白"的问题即常识性问题，或很容易从网上找到答案的问题。应当提出经过慎重思考、仔细查找信息仍未解决的困惑或疑问，以显示出你已经对这个公司、这个职位有了一定的了解和重视。

比如，求职者提问："你们这个岗位做得好需要哪些特质呢?"这个问题就暴露了你在面试前没有从招聘信息上充分分析岗位要求，这样只会给面试官留下不好的印象。

某公司的 HR 曾经面试过一个新媒体应聘者，前面表现都很完美，最后 HR 问他有什么想问的，应聘者直接问新媒体是必须要会 PS 吗? 而招聘信息上明确写着应聘条件要会 PS。事后公司 HR 直接以"岗位不匹配"淘汰了这位应聘者。在问出任何一个问题前，请先自问：这个问题我能不能自己从网上找到答案? 如果能，那么请千万别提问这个问题。

2. 不要问和工作无关的问题

提问环节不是拉近求职者和面试官距离的环节。千万要记得，哪怕面试官看着再好说话，也不要问一些与工作无关的问题。

比如，求职者提问："咱们公司的女生多吗?"这样的问题跟工作毫无关系，只会让面试官觉得求职者无法为公司提供更多的价值。

3. 不要问无法回答的问题

不要问让面试官或者 HR 无法回答或难以用几句话就能清楚解释的问题。比如：你们公司为什么裁员？或者我的竞争对手都有谁？你觉得未来 XX 市场如何发展呢？

4. 提问职业发展方向

向面试官提问职业发展方向的问题，一般是不会出错的。但需注意的是，不要问关于薪水和福利方面的问题，这样会让面试官或者 HR 觉得你已经志在必得。可以问以下几个问题：这个职位的未来发展空间是怎样的呢？公司对于员工是如何考核的？未来几个月内，您最想让我实现什么目标呢？

提问与自己职业发展相关的问题可以体现求职者是一个有职业规划和长远目标的人，并且会使面试官或者 HR 觉得求职者并非一时兴起来公司面试，而是对岗位非常期待。

5. 提问公司文化方向

询问跟公司文化有关的深刻问题是块敲门砖。因为这个问题能够帮助求职者决定是否有意愿为该公司效力，并且还帮助面试官决定你是否能够融入到公司文化氛围里。可以问以下几个问题：公司是否有针对技术岗位的培训？公司是如何鼓励员工的？

(三)倾听技巧

面试的实质就是与面试官进行信息交流从而获得全面评价的过程，其形式充分体现在"说"和"听"上。因此，倾听是面试中的重要环节之一。求职者认真听，不仅显示对面试官的尊重，而且要回答面试官的问题。面试官只有通过专心致志地听，才能抓住问题的实质。否则，就可能不得要领，答非所问。因此，求职者在面试中应注意以下几点。

1. 密切注意面试官的面部表情

当面试官面无表情时，有的考生会误以为面试官对自己不满意或向自己施压。其实面试官面无表情是面试组织部门作出的要求，面试官不能有一些明显的动作，如摇头、点头等，以免有暗示的嫌疑。因此面试官大多数时候都是面无表情的。大家在遇到面无表情的面试官时，不要给自己施加心理压力，正常发挥就好。

2. 密切注意观察面试官的目光

求职者在倾听面试官的发言时，要目光注视说话者，表示对对方的尊重以及对谈话内容感兴趣。这样才能让发言者有继续说的愿望。与此同时，对发言内容的态度也会反应在自己的脸上，所以倾听时应根据发言内容配合适当的表情和动作，如点头、思考等以表达自己的关注。但不可过度卖弄或表情过于夸张。

3. 注意面试官的反应传达的信息

面试官侧耳倾听，可能说明由于求职者音量过小，使对方难以听清；摆头可能表示求职者言语有不当之处。求职者可根据对方的这些反应，适时地调整自己的语言、语调、语气、音量、修辞，包括陈述内容，这样才能取得较好的面试效果。

三、面试成功的黄金秘诀

(一)充分的准备

机会总是留给有准备的人，尤其大学毕业生在面对面的高压环境下，如果不提前准备，妄想在面试现场临场发挥取得出色表现，显然不切实际。

1. 认真获取面试的信息要点

在接到面试的电话通知时，大学毕业生作为求职者要尽可能地在电话里确定好以下信息，如面试公司的具体名称、面试的时间和地点、面试需要携带的材料、面试的形式是什么。

2. 详细了解企业概况

已经进入面试环节的求职者，说明已经初步通过应聘企业认可。在面试详细考察中，对公司的了解程度都显得尤为重要。现在很多企业都有自己的网站或者微信公众号，求职者可通过网站等了解应聘企业的发展历程、企业的战略目标、企业的特色、企业的产品、企业的经营方针、企业的价值观等相关信息。了解得越清楚，面试的成功率就会越高。

3. 熟悉岗位职责和任职要求

你应聘的是什么岗位？该岗位的工作职责和任职要求是什么？该岗位的工作规范和标准是什么？在面试之前求职者必须要从招聘简章或者公司网站中仔细查阅和分析信息，在面试中回答问题时主动向用人单位展示与之相符的能力和特征，才能赢得面试主动权，充分实现人岗匹配。

4. 准备答题话术

面试官在面试中会依据求职者的个人信息和岗位要求提出各种问题。在面试前求职者可以根据简历和招聘要求来预测面试官可能会问到的问题，然后在网上搜索这些题目的回答要点，并结合自己的实际情况，提前准备好答题的话术。比如"你最近三五年的职业规划是什么?""你对我们公司了解吗?有什么看法?""你为什么会选择这个岗位?"这些面试高频问题，完全是可以做到提前准备，有备无患的。

(二)反复地练习

求职者可以通过练习提高面试时的反应能力。条件允许的话，求职者可以找同行业在职的师兄师姐模拟面试。没条件的，同学间可以互相"拷问"模拟面试场景，甚至也可以自己对着镜子练习。面对每一次的面试机会，求职者不要轻易放弃，这些都是积累实战经验的好机会。失败不要紧，关键是在失败中总结经验教训，在下一次中有提高。

(三)良好的心态

面试是积累资源的过程。在这个过程中，求职者和主试者增进了解，有可能会给主试者留下专业、靠谱的印象，就算此时双方不合适，以后可能也会带来其他契机。

总之，大学毕业生作为求职者应摆正心态，珍惜每一个面试的机会，做好准备，中途不无故放弃，并坚信无论成败，自己都距离成功更近一步。

第七章 求职礼仪

▶ 第一节 全面认识求职礼仪

一、礼仪及求职礼仪

礼仪是人们在社会交往活动中，为了表示相互尊重，在仪容、仪表、仪态、仪式、言谈举止等方面拥有约定俗成的、共同认可的行为规范。礼仪是对礼节、礼貌、仪态和仪式的统称。人们可以根据各式各样的礼仪规范，正确把握与外界的人际交往尺度，合理地处理好人与人的关系。如果没有这些礼仪规范，人们在交往中可能会感到手足无措，乃至失礼于人，闹出笑话。中国自古就是文明古国、礼仪之邦，礼仪能体现出一个人的教养和品位。

(一)求职礼仪的概念与内容

求职礼仪是礼仪的一种，它是求职者在求职的过程中所表现出来的礼节和仪式。求职礼仪并不仅仅是一般理解上的穿什么衣服，画什么样的妆，也不仅仅是会说几句客套话，而是首先要有发自内心的对他人的尊重和关注，并要使他人感受到受尊重和被关注。它通过求职者的应聘材料、应聘语言、仪态举止、仪表服饰等方面体现出来，是求职者文化修养、道德水准、个性特征的体现。因此，它对于求职者能否实现自身愿望，能否被理想的单位所录用起着重要作用。

(二)求职礼仪的特点

求职礼仪具有广泛性、时机性和目的性三个特点。

1. 广泛性

广泛性是指求职礼仪在整个人类社会的发展过程中是普遍存在的，并被人们广泛认同。对于每一位大学毕业生来说，为了社会的不断发展，为了实现自己的人生目标，在毕业后都需要通过求职来获得一份工作，来实现自己的人生价值。因此，求职礼仪具有广泛性。

2. 时机性

时机性指求职具有较强的时机性，尽管求职者为了获取一份工作都会做大量的准备工作，但是结果往往取决于求职者与招聘单位双方的短暂接触，尤其是面试，更是求职成功与否的关键。因此，对于每一位求职者来说抓住面试时机至关重要。

3. 目的性

目的性指求职对于招聘单位和求职者来说其目的性非常明确。招聘单位希望录用综合能力强、整体水平高的人员。但是招聘单位往往把面试时求职者的仪表、言谈、行为等第一印象作为是否录用的重要条件。所以，求职者应根据这一点进行有目的的准备，从而实现求职的成功。

二、礼仪在求职不同阶段的体现

求职礼仪贯穿求职过程始终，尤其是求职者在与应聘单位面对面接触中，更能充分体现出自身应有的素养和礼貌。按时间发展顺序，求职礼仪可分为面试前的礼仪、面试过程中的礼仪和面试后的礼仪。

(一)面试前的礼仪

面试前的准备——获得良好的第一印象。求职者从参加宣讲会、招聘会、投简历开始，就要注意仪表仪容，如头发干净自然、染发则注意颜色和发型不可太标新立异。服饰大方整齐合身。面试前一天修剪指甲，忌涂指甲油。不要佩戴标新立异的装饰物。选择平时习惯穿的皮鞋，出门前一定要擦拭干净。

(二)面试过程中的礼仪

面试过程中求职者需注意面试仪态：任何情况下都要注意进房先敲门；待人态度从容，有礼貌；眼睛平视，面带微笑；说话清晰，音量适中。神情专注，切忌边说话边整理头发；手势不宜过多，需要时适度配合；进入面谈办公室前，可以嚼一片口香糖，清新口气，缓和紧张的情绪。

（三）面试后的礼仪

面试结束后要礼貌示谢：礼貌地与主考官握手并致谢；轻声起立并将座椅轻手推至原位置；出公司大门时向接待小姐表示感谢。

三、大学毕业生掌握求职礼仪的价值

大学毕业生应具备良好的礼仪素质，学习述职礼仪有助于提高个人修养，也能有助于提高自身的社会素养，增强专业技能，在日常交际和职业生涯中获得晋升和发展的机会。具体表现在以下两个方面。

（1）学习述职礼仪有助于让大学毕业生变得更文明礼貌，彬彬有礼，表达清晰，文笔流畅，甚至在复杂环境中能够做到不急不躁、冷静沉着。此外，学习述职礼仪也有助于使大学毕业生逻辑思维变得更加严谨，思路更加清晰。

（2）学习述职礼仪有助于让大学毕业生掌握更加全面广泛的知识，发掘和深化自己在社会中的优势，在职场上拥有主动权。同时，学习述职礼仪也能有助于大学毕业生更好地理解职业道德，提高道德素养，增强自我的认知能力，让其能够在职场上获得更多的晋升机会。

案例延展

郑伟是一家大型国有企业的总经理①。有一次，他获悉有一家著名的德国企业的董事长正在本市进行访问，并有寻求合作伙伴的意向。他于是想尽办法，请有关部门为双方牵线搭桥。

让郑总经理欣喜若狂的是，对方也有兴趣同他的企业进行合作，而且希望尽快与他见面。到了双方会面的那一天，郑总经理对自己的形象刻意地进行一番修饰。他根据自己对时尚的理解，上穿夹克衫，下穿牛仔裤，头戴棒球帽，足蹬旅游鞋。无疑，他希望自己能给对方留下精明强干、时尚新潮的印象。然而事与愿违，郑总经理自我感觉良好的这一身时髦的"行头"，却偏偏坏了他的大事。郑总经理的错误在哪里？他的德国同行对此有何评价？

根据惯例，在涉外交往中，每个人都必须时时刻刻注意维护自己形象，特别是要注意自己在正式场合留给初次见面的外国友人的第一形象。郑总经

---

① 案例来源：http://max.book118.com/html/2017/0605/111680530.shtm，有删改。

理与德方同行的第一次见面属于国际交往中的正式场合，应穿西服或传统中山服，以示对德方的尊重。但他没有这样做，正如他的德方同行所认为的：此人着装随意，个人形象不合常规，给人的感觉是过于前卫，尚欠沉稳，与之合作之事再作他议。

▶ 第二节　求职的仪容仪表规范

在工作场合，形象往往走在能力之前，人与人的第一印象非常重要，精致的仪容、合适的着装、恰到好处的行为举止，不仅能使求职者更加自信，还会在给人的第一印象上加分无数。

一、形象规范

礼仪形象是个体形象的外在表现形式之一，礼仪形象往往能反映出一个人的教养、素质。形象就是一个人的外表包括穿衣打扮、妆容、发型、配饰等是否得体，是一个人整体外貌的一种呈现形式。在求职过程中，大学毕业生一定要树立良好的形象，提升自己的气质。一般情况下，社会对人们礼仪形象的整体要求是整齐清洁、自然、大方得体、精神奕奕、充满活力。具体表现在以下几个方面。

（1）卫生。做好清洁卫生是保持个人良好形象的关键，是礼仪的基本要求。不管长相多好，服饰多华贵，若满脸污垢，浑身异味，那必然破坏一个人的美感。因此，每个人都应该养成良好的卫生习惯。不要在人前"打扫个人卫生"，比如剔牙齿、掏鼻孔、修指甲等。否则，不仅不雅观，也不尊重他人。与人谈话时应保持一定距离，声音不要太大，不要对人口沫四溅。

（2）头发。头发整齐、清洁，不得披头散发。男生要求不染发、不烫发，前不覆额、后不蔽领、侧不掩耳，做到干练、整洁；女生要求刘海不过眉，长发过肩要扎起，不使用夸张耀眼的发夹，不做夸张的发型。

（3）耳饰。女生一般情况下宜戴小耳环，颜色选清新淡雅的。

（4）手。不留长指甲，指甲长度以不超过手指头为标准，不涂有色指甲油，经常保持清洁，不佩戴夸张饰品。

（5）面貌。精神饱满，表情自然，不带个人情绪。女生应面着淡妆，不使用有浓烈气味的化妆品，不可用颜色夸张的口红、眼影、唇线。

二、着装规范

服饰反映了一个人文化素质之高低，审美情趣之雅俗。具体说来，它既要自然得体，协调大方，又要遵守某种约定俗成的规范或原则。求职者的着装不但要与自己的具体条件相适应，还必须时刻注意客观环境、场合对人的服装要求，即着装打扮要优先考虑时间、地点和目的三大要素，并努力在穿着打扮的各方面与时间、地点、目的保持协调一致。在生活中人们的仪表也非常重要，它反映出一个人的精神状态和礼仪素养，是人们交往中的"第一形象"。天生丽质、风仪秀整的人毕竟是少数，然而我们却可以靠化妆修饰、发式造型、着装佩饰等手段，弥补和掩盖在容貌、形体等方面的不足，并在视觉上把自身较美的方面展露、衬托并强调出来，使个人形象得以美化。

服饰礼仪的一般原则为整洁大方、整体和谐、展示个性。

(一)男士服饰礼仪

(1)穿着要整洁干净。不管是在正式场合还是休闲情况下，男士都应该注意自己的个人卫生和形象，穿着要干净整洁，尽量避免出现褶皱、污渍和脱线等状况。

(2)穿着要与场合相符。穿着要时刻考虑所处的场合，如在求职过程中应该穿着正式的西装或职业装，而在休闲场合则可以穿着休闲服饰。

总之，男士在穿着衣物方面应该注意细节和规范，以维护自己的形象，赢得他人的尊重和信任。

课堂拓展

男士服饰应遵循"三三原则"

"三色原则"——全套装束颜色不超过三种。

"三一定律"——皮鞋、公文包、皮带的颜色保持一致。

"三大禁忌"——穿西装必须打领带，不可无领带；西装上的标签必须拆除；穿深色西装不可配白色袜子。

男士西装的搭配技巧

黑色西装：庄重大方、沉着素静。搭配：白衬衫＋红黑灰领带。

中灰西装：格调高雅，端庄稳健。搭配：暗灰衬衫＋银灰、深蓝领带。

暗蓝色西装：格外精神，不易出错，是最广泛应用。搭配：灰蓝衬衫＋暗蓝色领带。

咖啡色：不衬亚洲人肤色，谨慎使用。搭配：淡黄色衬衫＋咖啡色领带。

在穿着西装时，若西装是二粒扣只扣上面一颗；三粒扣则扣上面两颗或中间一颗；双排扣西服，所有扣子应扣好。同时要拆除衣袖上的商标、熨烫平整、不卷不挽，更要少装东西。领带的选配要注意，领带的选择要搭配衣服、颜色、场合和个人特点。领带的宽度和长度也要考虑自己的身材和穿着风格。男士搭配西装的鞋子要注意与衣服和场合进行搭配，尽量避免穿旧、破或不搭配的鞋子。整体穿着要自然、得体，全身所展现出的颜色不要过于嘈杂或夸张。

(二)女士服饰礼仪

女士服饰礼仪是指女士在穿着衣物方面所应注意的细节和规范。具体应做到以下几点。

(1)妆容要淡雅。女士的妆容要偏向于淡雅，不要过于浓重或花哨，以便更好地体现自然之美。

(2)穿着要整洁干净。无论是在正式场合还是休闲情况下，女士都应该注意个人卫生和形象，穿着要干净整洁，尽量避免褶皱、污渍和脱线等情况的出现。

(3)穿着要与场合和年龄相符。女士的穿着要与所处场合和自己的年龄相符，不要穿着太过年轻或太过老成的衣服。

(4)长短、宽窄要适当。女士的衣服长度、宽窄要适当，不能太夸张或太保守，以便体现温婉的美。

(5)配饰要搭配得当。女士的配饰要与衣服相搭配，而且要注意体现个人的品位和风格，不要过于花哨或夸张。

(6)鞋子要与衣服相搭配。女士的鞋子要与穿着的衣服相搭配，而且要注意舒适度和安全性。

总之，女士在穿着衣物方面应该注意细节和规范，以维护自己的形象，赢得他人的尊重和信任。

课堂拓展·

女士服饰、配饰选择搭配技巧

整体要求配套、协调、典雅、清新；忌露、透、瘦、皱、乱。在着职业裙装时忌穿黑色皮裙、忌裙子、鞋子和袜子不协调、忌光腿、忌三截腿。在求职过程中，有两类首饰不能戴：第一类，炫耀自己财富的首饰不能戴，即奢华珠宝类首饰一般不戴；第二类，过分炫耀女性魅力的首饰不能戴，如脚链和吊坠耳环。

▶ 第三节　求职的举止规范

一、举止礼仪的基本规范

行事俨然、行为举止规范是展示一个人素质和修养的方式之一。礼仪的核心就是透过谦逊的态度和尊重他人的友好举止去影响身边的人。因此大学毕业生作为求职者在求职过程中要保持诚恳态度、注意身体语言、身体姿势和习惯动作以及讲话时的嗓音。

二、求职中的举止礼仪

(一)敲门礼节

在进入面试房间之前，无论面试房间的门关或开，都应该轻轻敲门，耐心等待，不要擅自走进面试房间。听到自己的名字后，敲门进入，一般敲两三下是较为标准的，听到里面说"请进"后，回答"打扰了"再进入房间。

(二)会面礼节

会面礼节是指在求职过程中见到面试官或者其他人员时求职者应该表现出的礼貌礼节。遵守会面礼节可以体现出一个人的文化素养和修养。具体的会面礼节一般包括问候、行礼、握手等礼节。

1. 问候

见面时应当先行问候对方，礼貌地打招呼，如"您好""早上好"等。

2. 行礼

在进入面试房间后，可向面试官行礼，一般是鞠躬致意。

3. 握手

握手是正式场合的通行礼节。在握手时应该保证手干净、干燥，不应有强烈的手汗或指甲过长、过脏等不礼貌的情况。无论男女只有在对方要求握手时，才可把手伸出，握手的同时要轻轻点头、鞠躬致意，还应该保持适当的目光接触，时间控制在 3～5 秒以内。

(三)入座礼节

在握手之后面试官发出请你入座的邀请之前，不要自己先坐下，待面试官落座后再坐下，同时也要注意入座的礼仪规范。入座时要左进左出、落座无声、入座得法。

在正式场合，入座时要轻柔和缓，起座要端庄稳重，不可猛起猛坐，弄得桌椅乱响，造成尴尬气氛。

端庄优美的坐姿，会给人以文雅、稳重、自然大方的美感。良好的坐姿应该是坐在椅子的前三分之二，身体正直，可略微前倾，不要紧靠椅子背。女生不管是穿裙子还是裤子，始终要并拢双腿，膝盖不要分开，交叠或侧向一边均可，这样会显得优雅一些；男生可以微分双脚，这样给人以自信、豁达的感觉。不要懒散地坐在椅子上，不能跷二郎腿，更不能有大声喧哗、吃东西等不礼貌的行为。

(四)表情规范

就座后，面试官就要开始和你谈话了，而你可能会因为直面对方而感觉紧张，因此必须注意自己传达出的非语言信息。如果一个求职者在面试中目光不定、眉头紧锁，或者漫不经心，都会给面试官留下求职者胜任力不强或素质不高的印象。要注意保持面部表情自然、自信和微笑。

微笑最能赋予人好感，可以增加友善和沟通，是一种使人心情愉悦的交往方式。微笑应该贯穿面试行为的整个过程。一个对你微笑的人，必能体现出他的热情、修养和他的魅力，从而得到人的信任和尊重。日常可以对着镜子练习微笑，爽朗、自然、有分寸的微笑一般以露出六颗上牙为宜。

另外面试时，求职者应当与面试官保持目光接触，以表示对面试官的尊重。如果同时有几个面试官在场，说话的时候要适当用目光扫视一下其他人，以示尊重。目光接触的技巧是：盯住面试官的鼻梁处，每次 15 秒左右，然后自然地转向其他地方，例如望向面试官的手、办公桌等其他地方，然后隔 30 秒左右，又再望向面试官的双眼鼻梁处。切忌目光犹疑，躲避闪烁，这是缺乏自信的表现。

(五)恰当的手势

交谈很投机时，求职者可适当地使用一些手势讲解，但不要频繁耸肩，手舞足蹈。有些求职者因为紧张，双手不知道该放哪儿，而有些人过于兴奋，在侃侃而谈时舞动双手，这些都不可取。切忌抓耳挠腮、用手捂嘴说话，这样显得紧张，不专心交谈。

(六)切忌小动作

一些在平时不注意的小动作出现在面谈过程中，是不礼貌的，也是不成熟的表现，它们会被主考官当作评判的内容，进而影响你的录用。注意站正坐直，不要弯腰低头；双手放在适当的位置，并要安稳，不要做些玩弄领带、掏耳朵、挖鼻孔、抚弄头发、掰关节、玩弄招聘者递过来的名片等多余的动作。

(七)使用文明用语

文明礼貌用语是在社交中最需关注的重要因素之一，它可以帮助求职者在进行交流时表达出对人的尊重。使用文明礼貌用语可以增加面试双方彼此之间的尊重，增进双方的相互理解，并可能让社交关系变得更加紧密。此外，文明礼貌的用语可以提升面试双方彼此的印象，使求职者的社交关系变得更为有效率，也能改善人际关系。

文明礼貌用语的使用原则：一是及时使用，文明礼貌用语应及时使用，在和别人沟通之前应多用一些赞扬、道谢之类的话语来礼貌地表达自己的意思；二是不应滥用，文明礼貌用语不能滥用，过多的礼貌用语会使得社交变得乏味无趣，因此合适的交际语言会变得非常有意义，过多则乏味；三是恰当使用，要符合语言习惯和语境，一些礼貌用语在某些情境中会显得多余，要恰当地使用，避免失礼。

求职过程中常用文明礼貌用语有以下几种。

(1)您好！

(2)请多多关照！

(3)感谢您给我这次机会！

(4)我将尽最大努力为公司发挥作用！

(5)我有能力胜任这个职位！

(6)我期待与您有更多接触！

(7)感谢您抽出宝贵时间看我的简历！

(8)我相信我会为贵公司创造价值！

(9)请了解我的价值，以更好的服务贵公司！

案例分享

硕士落选记①

某公司要招聘一位市场部经理，一位名校硕士的简历深深吸引了老总。他有相关理论著述，而且在两家单位任过职，有一定经验。于是该公司通知他三天后来公司面试，面试结果呢？竟然没能通过。老总后来说，那次面试是他亲自主持的。他发现那位先生有个特点，就是不管什么时候都是锁着双眉，不会微笑，显示出很沉闷的样子。他说，这种表情的人是典型的不擅做沟通工作的。而作为市场部的负责人，沟通本来就是重要的工作内容。

一个人的表情在人际交往特别是初次交往中很重要，千万不可忽视。心理学家珍·登不列说："假如顾客的眼睛往下看，脸转向一边，就表示拒绝你了；假如他的嘴唇放松，笑容自然，下颚向前，可能会考虑你的建议；假如对你的眼睛注视几秒钟，嘴角到鼻翼部位都显出轻松、热情的微笑，这项买卖就做成了。"从这段话中可以得出两个启示，一是如果想有良好的人际关系，就要注意表情或神态礼仪；二是面部表情最传神表意的笑容，是决定面部表情礼仪的关键。

---

① 案例来源：http://max.book118.com/html/2015/0423/15544244.shtm，有删改。

第八章 就业权益与保障

▶ 第一节　就业保障依据

就业权益是指劳动者在就业过程中所拥有的权利和所应该获得的利益。就业权益是一种合法权益，劳动者在国家法律允许的范围内所实现的就业及其权益受到法律保护。大学生毕业生作为劳动者群体的重要部分，其就业权益主要通过三方协议、劳动合同等进行保障。

一、三方协议

大学毕业生找工作时，经常会听到一个词"offer"也就是"录用通知"。offer一般在应届毕业生通过用人单位的面试，决定予以录用后发出，是用人单位出具的一种工作邀约。其中通常约定应届毕业生今后的上班时间、薪水和福利等情况。很多大学毕业生误以为拿到offer就可以高枕无忧。其实，这仅仅是毕业生和用人单位达成的一个录用意向，毕业生还应及时与用人单位签订《就业协议书》，这样才能保证自己的合法权益。在北京和上海等对户口要求较严格的城市，如果毕业生与用人单位之间只签署offer，不签订《就业协议书》，甚至会导致无法落户或用人单位无法接收档案等情况发生。

《就业协议书》，全称是《全国普通高等学校毕业生就业协议书》，这是高校毕业生和用人单位在正式确立劳动关系前，经双向选择，双方在规定期限内就确立就业关系、明确双方权利和义务而达成的一项书面协议。《就业协议书》明确了毕业生、用人单位、学校三方在毕业生就业中的权利和义务，所以也通常俗称为三方协议。《就业协议书》由学校所在省份统一制定，大学生毕业前在学院领取。"三方协议"签订以后，当大学生顺利毕业正式到用人单位报到时，再与用人单位签订劳动合同，从而最终确定劳动关系。

就业协议与劳动合同都是用人单位录用毕业生时所订立的书面协议，也都是保障大学毕业生就业权益的重要证明。两者处于两个相互联系的不同阶段，就业协议明确了毕业生、用人单位、学校三方在毕业生就业工作中的权利与义务，是毕业生与用人单位确定劳动关系的依据。当毕业生到用人单位报到后，双方签订劳动合同，将产生劳动关系。

案例 延展

毕业生小马由于不愿来回奔波，一再要求学院就业指导中心老师给他先盖章。当用人单位拿到盖了章的协议书后，以公司总经理外出，单位公章拿不到为由，要他第二天来拿就业协议书。第二天小马拿着协议书一看便傻眼了：待遇要求面目全非，什么5年内不得提出住房要求，工资待遇也全都降了下来。小马还未出校门，就被用人单位"生动"地上了一堂不按程序签订就业协议的教训课。[①]

(一)就业协议签订程序

就业协议签订时应遵循什么程序并且应该注意哪些问题？其实为了保障毕业生和用人单位的合法权益，国家和各省市教育主管部门都规定了签订就业协议的相关程序。大学毕业生应严格按照规定程序签约，就会避免用人单位在大家不知情的情况下，增加有损于自身权益的其他条款和内容。一般来说，签订就业协议书应当遵循以下程序。

(1)由大学毕业生与用人单位在协议书上签字盖章；

(2)报用人单位上级主管部门批准盖章；

(3)将"就业协议书"交所在学院签署意见并盖章；

(4)到学校就业部门最终盖章，协议就此生效。

学校签署完就业协议书之后，学校就业部门、用人单位、毕业生本人各留一份，学校以此为依据编制就业方案。就业协议书由学校最后签署，这既是规定程序，也是对毕业生利益的保护。学校最后签协议书，既可以给毕业

---

① 案例来源：http://max.book118.com/html/2017/0712/121857484.shtm《职业道德与法律(经科版)授课案例》，有删减。

生把关，也给了大学毕业生一个思考的时间。如果学校把盖完章的协议书先提前交给大学生，一旦单位存在欺诈等行为，学校往往无能为力，最终受害的还是毕业生本人。

(二)就业协议签订注意事项

1. 认真审查用人单位的资格

签订就业协议的当事人是否具有合法的主体资格是就业协议书是否具有法律效力的前提。用人单位不管是机关、事业单位还是企业，都必须具有录用毕业生就业的自主权。如果其本身不具备用人的自主权，则必须经其具有用人权力的上级主管部门批准同意。因此，大学毕业生在签订就业协议前，一定要先仔细了解用人单位的基本情况，这样才有助于作出正确的判断。

2. 认真审查协议书的内容

内容是就业协议书最关键的部分，一定要认真审查。除了是否符合国家法律和政策，双方义务是否合理以外，还要查看清楚是否有附件即补充协议。需要指出的是，补充协议和主协议书是具有同等法律效力的。如果无附加条款，应当将协议书中空白部分划去，或直接注明"以下空白"。

3. 就业协议应与劳动合同相衔接

现行的就业协议属于"格式合同"，但"备注"部分允许协议三方根据实际约定相应的权利义务。因此，大学毕业生可以充分利用"备注"的合法空间及相关规定来进行自我保护。由于就业协议书签订在先，为了避免到就业单位签订劳动合同时产生争议，大学毕业生在就业前可以与用人单位就服务期限、试用期、工作岗位和工作内容、劳动保护和工作条件、工作报酬、福利待遇等劳动合同的主要条款进行协商，在就业协议书备注条款中予以注明，并约定就业时签订的劳动合同应包括这些内容，以保证大学毕业生就业前签订的就业协议与就业时签订的劳动合同相一致。

4. 约定解除就业协议的条件

就业协议的解除分为单方解除和三方解除。

(1)单方解除。所谓单方解除包括单方擅自解除和单方依法或依协议解除。

单方擅自解除协议，属违约行为，解约方应承担违约责任。这种情况在大学生就业中十分常见。应届毕业生求职并非一锤定音，而是不断寻觅的过程。往往在签订协议之后又找到了更好的工作机会就需要向用人单位提出解除协议。比如，有同学在大四上学期校园招聘会刚刚开始，即 11 月份时就很顺利就找到理想工作，并签订了就业协议书。而到了下学期次年 5 月时，又通过国家公务员考试，被成功录用。这时就需要与已经签订就业协议书的单位解除协议。因此，大学毕业生在三方协议中应当表述清楚违约后应当通过何种方式、何种途径来承担相应责任。

单方依法或依协议解除，是指一方解除就业协议有法律上或协议上的依据。在此类单方解除中，解除方无须对另外两方承担法律责任。比如，大多公司在招聘时，为了打消同学的后顾之忧在三方协议中明确规定，因升学原因需解除协议的，提供录取通知书等证明材料后，无须承担责任。那如果应届毕业生考研成功，解除协议就属于此类情况，提供录取通知书等相关证明材料后，就无须承担违约责任。

（2）三方解除。三方解除是指毕业生、用人单位、学校三方经协商一致，废除原签订的就业协议。

二、劳动合同

当应届毕业生与用人单位签订《就业协议书》，是不是就业权益就有足够保障了？答案是否定的。虽然《就业协议书》具有劳动合同的部分特征，但是不能等同于劳动合同，更不能取代劳动合同。就业协议书只是一份简单的文件，况且很多用人单位并不一定在协议书中清楚规定工作岗位、工作条件、薪酬待遇等详细内容。因此，仅凭就业协议书，大学生毕业后的劳动权利并不一定能得到充分保障。

《就业协议书》是应届毕业生与用人单位确立劳动关系的前提，而劳动合同是应届毕业生与用人单位确立劳动关系、明确双方权利和义务的重要法律依据。对于大学毕业生而言，两者相依相存才能共同编织出一张强大的就业权益保护网。

（一）劳动合同的内容

依据《中华人民共和国劳动合同法》的规定，劳动合同的主要内容由法定条款和约定条款两部分构成。

1. 法定条款

法定条款即法律规定劳动合同必须具备的条款，主要包含 7 个方面的内容。

（1）合同期限。除依法允许订立不定期合同的情况以外，合同都应当规定有效期限。其中还应包括合同的生效日期和终止日期。如从2022年8月1日被录用开始工作，工作时间为2年。那么，合同的期限规定为：本劳动合同从2022年8月1日生效，到2024年8月1日结束。

（2）工作内容。即关于劳动者的劳动岗位、劳动任务条款。

（3）劳动保护和劳动条件。即关于用人单位，应当为劳动者提供劳动安全、卫生条件和生产资料条件的条款。

（4）劳动报酬。劳动合同中不仅约定劳动报酬有多少，还应该包括劳动报酬的形式、构成等条款。

（5）劳动纪律。即关于劳动者应当遵守劳动纪律的条款，如上班时间不得私自外出，按有关制度规定请、销假等。

（6）合同终止条件。即关于劳动合同在法定终止条件之外的哪些情况下可以或应当终止的条款。比如合同到期终止，或单位出现破产、停业等情况终止合同等。

（7）违约责任。即关于违反劳动合同的劳动者和用人单位，各自应如何承担责任的条款。

2. 约定条款

我国《劳动合同法》规定，劳动合同除法定必备条款外，当事人还可以协商约定其他内容。通常包括试用期条款、保密条款和禁止同业竞争条款等。但是，补充条款的约定不能与国家的法律法规相抵触，不能危害国家、组织或个人的利益。

（二）签订劳动合同注意事项

大学毕业生在与用人单位签订劳动合同时要注意以下事项。

1. 必须签订劳动合同

作为接受过高等教育的大学生，一般都具备一定法律常识和法治思维，签订劳动合同是大学生踏入单位开始工作的第一步法律保障。《劳动合同法》第十条明确规定："建立劳动关系，应当订立书面劳动合同。"实际上，大多数用人单位对于劳动合同有一个错误的认识，即签订劳动合同就会将自己套牢，而没有劳动合同就与职工没有劳动关系，可以规避很多法律风险。

其实不然，新《劳动合同法》对于劳动合同的签订有如下规定。

（1）用人单位自用工之日起超过一个月但不满1年未与劳动者签订书面劳

动合同者，应当向劳动者每月支付 2 倍工资。

（2）用人单位自用工之日起超过一年未与劳动者订立书面劳动合同的，视为用人单位与劳动者已订立无固定期限劳动合同。一旦订立无固定期限劳动合同，如果没有发生法律规定的可以解除劳动合同的情形，用人单位无法辞退劳动者，否则，要支付 2 倍的经济补偿金。

由此可见，用人单位不与劳动者签订书面劳动合同，将面临更大的法律风险。

2. 注重保护个人隐私

为了保护劳动者的隐私，《劳动合同法》第八条规定："用人单位招用劳动者时，应当如实告知劳动者工作内容、工作条件、工作地点、职业危害、安全生产状况、劳动报酬以及劳动者要求了解的其他情况；用人单位有权了解劳动者与劳动合同直接相关的基本情况，劳动者应当如实说明。"这句话背后的含义是指不属于"与劳动合同直接相关的基本情况"，用人单位无权过问，劳动者也有权拒绝回答。

3. 不得要求提供担保或收取财物

一些不正规的用人单位在招聘或录用过程中，为了谋取钱财，利用招聘活动向求职者收取招聘费、培训费、押金或服装费，或要求必须扣押证件等行为，在《劳动合同法》中这些行为都是被禁止的。曾经有大学生在校外做兼职从事产品促销，交了 500 块钱服装押金。在兼职结束，公司以服装有污损为由要扣除押金，并且言辞犀利威胁该同学。当时该同学就及时到人社局按程序将问题予以反映，最终在有关部门协调下，公司及时给学生退还了押金。在这里也提醒大学生，凡是在应聘时提到收费或者交钱时，请务必谨慎。通常较为正规的公司是不会这样做的。同时，扣押证件的行为也是《劳动合同法》明令禁止的。

4. 同工同酬

《劳动合同法》第六十三条规定："被派遣劳动者享有与用工单位的劳动者同工同酬的权利。"同工同酬是技术和劳动熟练程度相同的劳动者在从事同种工作时，不分性别、年龄、身份、民族、区域等差别，只要提供相同的劳动量，就应获得相同的劳动报酬。这条原则最重要的贡献之一，就是规定了同一工种不再有非正式工与正式工的差别，在同一企业工作的劳动者只要是相同工种，就应得到相同的报酬。

但大学生在工作时也应明白，在《劳动合同法》实际施行过程中同工同酬作为一项分配原则也有其相对性，因为即使相同岗位的劳动者之间也有资历、能力、经验等方面的差异，因此劳动报酬只要大体相同就不违反同工同酬原则。

5. 试用期问题

试用期指用人单位和劳动者为相互了解和选择的过渡阶段。不过劳动合同中约定试用期不是必备条款，而是协商条款，是否约定由劳动者和用人单位协商确定。如果大学毕业生签订的劳动合同有试用期内容，应注意以下几点。

(1)试用期最长不得超过6个月。

(2)当工作岗位没有发生变化时同一劳动者在同一单位只能有一次试用期。

(3)试用期不得延长。用人单位在试用期内发现劳动者不符合录用条件，可以解除劳动合同，而不能延长试用期继续进行考察其是否适合该工作。

(4)试用期工资不得低于本单位相同岗位最低档工资或者劳动合同约定工资的80%。

6. 违约金的问题

大学毕业生刚入职时并没有太多经济来源，对违约金的问题较为关注。其实《劳动合同法》对违约金条款给予严格的限制，明确规定只有以下两种情形可以在劳动合同中约定违约金。

(1)在培训服务期中约定违约金。用人单位为劳动者提供专项培训，对其进行专业技术培训的，可以与该劳动者订立协议，约定服务期。如果劳动者违反服务期约定，应当按照约定向用人单位支付违约金，但违约金数额不得超过用人单位提供的培训费用。

(2)在竞业限制中约定违约金。用人单位与劳动者可以在劳动合同中约定保守用人单位的商业秘密和与知识产权相关的保密事项，对负有保守商业秘密和知识产权义务的高级管理人员、高级技术人员和其他负有保密义务的人员，可以约定竞业限制，如劳动者违反竞业限制的约定，应当支付违约金，或者离职后在约定时间内不得到竞争对手公司任职等。

▶ 第二节　常见就业侵权行为及防范应对

一、大学生就业时常见侵权行为

大学生求职将面对各种招聘单位，并有可能与中介机构打交道。随着社会不断发展，就业市场难免鱼目混珠，众多就业机遇中也会潜藏着别有用心的骗局和陷阱。大学生求职时一定擦亮双眼辨别真假，提高警惕避免上当。大学生在就业时常见的侵权行为有以下几种。

(一)欺骗宣传

一些用人单位在招聘时夸大单位规模、发展前景、工资待遇等情况，或者隐瞒单位实情；有的用人单位千方百计了解毕业生的情况，却设法回避毕业生提出的了解单位情况的问题。这些都将导致毕业生与用人单位之间出现信息不对称，侵犯了毕业生的知情权。更有甚者，一些用人单位做恶意欺骗宣传，宣称岗位高薪、高福利以诱惑大学毕业生从事名不副实的工作，严重损害了大学毕业生的利益。如某企业抛出低工资高奖金的制度吸引应聘者，扬言做得好月薪可达万元，其实是让应聘者在几乎没有底薪的情况下领取苛刻的销售提成。要知道，管理规范的优秀企业通常会淡化奖金、提成这些易于滋生副作用的做法，只有那些急功近利、员工流动性大的企业才会反其道而行之。大学毕业生应脚踏实地，不要投机取巧，不要相信天上能掉馅饼，增强抗拒诱惑的能力，避免落入不法分子的圈套。

(二)招聘歧视

平等就业是法律赋予每位劳动者的权利，但在现实招聘过程中歧视行为却依然变相存在。

(1)性别歧视。这是女生经常遇到的无奈。有的用人单位不顾社会责任，片面追求利益最大化，逃避劳动法赋予用人单位录用女性职工的义务，在招聘员工时或私下或公开规定只招男生或男生优先。

(2)身体歧视。一些用人单位在缺少相关规定的情况下将身体有残疾或疾病的人拒之门外，剥夺了这类人的就业机会；还有一些单位在并无必要的情况下对应聘者的身高、相貌甚至三围提出要求。

（3）户籍歧视。有的用人单位只招收本地户口的毕业生，或者没有本地户口就必须有本地户口居民的担保，抬高了外地户口毕业生就业的门槛。有的地方政府为了保护本地人口就业，制定不合理的人才准入制度，使本地单位无法招收外地户口的毕业生，或者无法使外地户口的劳动者成为正式职工，严重限制了人才的合理流动。

以上歧视行为侵犯了广大毕业生的平等就业权，需要理直气壮地予以谴责。

(三)违规收费

国家有关部门早已有明文规定，用人单位不得以任何名义向应聘者收取报名费、押金、保证金等费用，对员工的培训费用应当从成本中支出。可有些用人单位却对此置若罔闻，巧立名目向应聘者收费。毕业生们迫于对工作的需要往往只得就范。可是不少企业在收取了费用后便为所欲为，或怠于履行义务，或向求职者得寸进尺提出更过分的要求。因此大学毕业生在求职时要区分用人单位哪些做法是合理的、哪些做法是不合理的，对于各种名目的收费要坚决抵制。值得注意的是，通常正规公司是不会再就业中收取任何费用的，一旦在应聘中提出收费的，很有可能就是非法公司，应注意甄别。

(四)侵犯隐私

大学毕业生在求职时，会在相关领域如网络和求职材料上留下自己的信息资料，比如姓名、年龄、身高、学历、电话、身份证号等，这些信息属于个人隐私的一部分，相关单位未经本人同意不得公开、泄漏、出售。但可能因为各种原因，如工作人员的疏漏、网络软件的缺陷、不法分子的圈套等，这些信息被用来侵害当事人或谋求商业利益。因此，大学毕业生在求职时不要随便将个人资料留给不可靠的单位和个人，投放网络时要选择安全防范能力强和可靠性高的网站，同时注意设置保密内容的选项。在面试时，一些用人单位的提问会涉及个人隐私，如果与工作无关或者出于恶意，毕业生有权拒绝回答；如果是出于安排合适岗位的考虑或者考察应变能力，毕业生可以视情况回答。用人单位在获得毕业生的个人隐私后，负有保密的义务，否则构成侵权。

(五)侵犯知识产权

侵犯知识产权是指个别用人单位在招聘中，通过要求毕业生提供作品或者完成某项设计工作等方式，盗用毕业生的智力成果。如某软件公司在报刊上刊登招聘启事，招聘计算机专业研究生，凡应聘者都需领取考卷一份，而这份考卷实则为一项设计项目的一部分。就这样一场虚假招聘使本应耗费大量人力的设计工作轻松完成。所以广大毕业生尤其是设计类、计算机类的毕业生应该提高警惕，增强保护知识产权的意识，采取适当措施降低用人单位使用作品的可能性。例如，面试时不要让用人单位随意复制自己的作品；发送电子邮件时，应对自己的作品进行处理，降低相关图片的分辨率；交付自己的作品时，应要求用人单位签收，以保存证据。

(六)虚假试用

规定试用期是正常的招聘行为，但一些不法企业利用大学毕业生试用期工资低的特点只试用毕业生。但有些企业在试用毕业生时劳动强度高、工资报酬低，在试用期结束后又借口种种理由辞去毕业生，更有甚者，还向毕业生收取所谓培训费。因此广大毕业生在求职时一定要就试用期问题与应聘单位在合同中作出明确约定；在试用期中要注意保留有关工资、工作时间、工作能力的证据，以备必要时维护自己的权利。

(七)合同陷阱

大学毕业生签订劳动合同时尤其要防备一些合同陷阱。近年来，社会中出现了一些严重违反法律的合同，这些合同都是无效的。下面介绍一些这样的非法合同，希望广大毕业生提高警惕。

(1)暗箱合同。这类合同中的权利和义务一边倒。有些企业，尤其是私营和个体工商户在与劳动者签合同时，多采用格式合同，根本不与劳动者协商，不向劳动者讲明合同内容。在合同中，只从企业的利益出发规定用工单位的权利和劳动者的义务，而很少或者根本不规定用工单位的义务和劳动者的权利。

(2)霸王合同。这类合同一般是以给劳动者或其亲友造成财产或人身损失相威胁，迫使对方在违背真实意愿的情况下所签订的。

(3)生死合同。部分用人单位不按劳动法的规定履行劳动安全义务，妄图以与劳动者约定工伤概不负责的条款逃避责任。签订这类合同的往往正是从事高度危险作业的企业。这类企业劳动保护条件差、安全隐患多、设施不安全，生产中极易发生安全事故。

(4)卖身合同。具体表现为一些用人单位与劳动者在合同中约定，劳动者一切行动服从用人单位安排，一旦签订合同，劳动者就如同卖身一样失去人身自由。在工作中，加班加点，强迫劳动，有的甚至连吃饭、穿衣、上厕所都规定了严格的时间，剥夺了劳动者的休息权、休假权，甚至任意侮辱、体罚、殴打和拘禁劳动者。劳动者的生活、娱乐和人身自由受到限制。

(5)双向合同。一些用人单位与劳动者签订合同时，准备了至少两份合同。一份是假合同，内容按照劳动部门的要求签订，对外应付有关部门的检查，但在劳动过程中并不实际执行；一份为真合同，是用人单位从自身利益出发拟定的违法合同，合同中规定的权利和义务极不平等，对内用以约束劳动者。

(八)非法中介

一些不法分子冒充合法机构，通过广告宣传，虚构招聘岗位，在向大学毕业生收取中介费后便人间蒸发。更有些私人机构互相勾结，串通欺骗求职者，举办所谓招聘会，接收大量简历，收取一定费用，但并不招一兵一卒，意在敛取求职者的钱财。因此，大学毕业生不要轻信那些无相应资质的中介机构和场所，求职应去政府创办的或者政府审查许可的有信誉的人才市场和人才服务机构。

二、侵权行为的应对方法

大学毕业生一定要树立法治思维，在求职或就业过程中当自身合法权益受到侵害时，学会用法律武器保护自身的合法权益。当大学毕业生的合法权益受到侵害时，可参考以下方法做出应对。

(一)端正求职心态

大学毕业生心理不够成熟，当侵权行为发生时往往会自乱阵脚，委曲求全。这会给毕业生带来身心上的伤害，进而影响他们未来的发展。就业陷阱无处不在，不小心掉入陷阱的毕业生需要端正心态去继续寻求工作机会。

(二)掌握政策，学习法律

大学毕业生在求职、签约之前，一定要全面了解和掌握相关就业政策，做好相关法律法规的知识储备。如此，才能在应聘和签约时保持思路清晰，及早识破不法单位故意设下的陷阱；如此，才能懂得如何通过合法的途径和手段解决就业过程中出现的问题，最大限度地维护自己的正当权益。

(三)敢于据理力争

如果大学毕业生在求职应聘和签约协议的过程中发现有权益受侵害的不公平现象，不要因害怕失去就业机会而忍气吞声，要学会积极运用法律的武器，据理力争，保护自己的合法权益。当权益受到侵害且与用人单位协商无法解决时，可以通过投诉、劳动仲裁或诉讼方式解决就业中的侵权行为。

(四)及时请求帮助

大学毕业生在就业过程中遇到疑惑和困难，要及时咨询有关专家、老师和家长。毕竟大学毕业生在社会阅历方面还是一片空白，而法律专家的专业视角、学校老师的指导经验、家长的处世经验，能够给大学毕业生提供一定的帮助。

第九章 职场适应与发展

▶ 第一节 职场困惑

一、从高校到职场究竟有何不同

大学生完成学业后都要进入社会、步入职场，经历由大学生向职场人角色转换的过程。有的大学生角色转换历时不长，有的甚至是无缝衔接，但也有学生迟迟无法适应。无论其属于哪一种情况，在新的环境中，大学生面对新的人生角色，都会遇到各种机遇和挑战。很多在校大学生在展望未来时，不禁会想到"从大学到职场会有怎样的变化？""如何更好地迎接第一份工作？""入职后怎么建立新的人际关系？"大学生存在这些疑问都是正常的，这反映出大学生对未来职业生涯的向往和对未知工作环境的担忧。事实上，高校与职场存在诸多不同。

(一)高等学校

高等学校承担着培养专门人才、发展科学、直接为社会服务三大职能。不同层次、不同类型的高校在承担三大社会职能方面也是有所侧重、不尽相同的。目前，我国高等教育正处于从大众化向普及化快速迈进的时期，根据教育部发布的《2021年全国教育事业发展统计公报》，全国共有3012所高等学校，其中普通本科学校1238所。

根据教育部发布的《关于"十三五"时期高等学校设置工作的意见》，我国高等教育以人才培养定位为基础，总体上可以分为研究型、应用型和职业技能型三大类。研究型高等院校主要以培养学术研究的创新型人才为主，开展理论研究与创新，学位授予层次覆盖学士、硕士和博士，且研究生培养占较大比重。应用型高等院校主要从事服务经济社会发展的本科及以上层次应用型人才培养，并从事社会发展与科技应用等方面的研究。职业技能型高等院校主要从事生产管理服务一线的专科层次技能型人才培养，并积极开展或参与技术服务及技能应用型改革与创新。具体见表9-1。

表9-1　研究型高等院校、应用型高等院校与职业技能型高等院校的区别

学校类型	服务面向	人才培养特色	人才培养目标
研究型高等院校	国家重大战略需求	凸显创新与引领	创新拔尖人才
应用型高等院校	区域经济社会发展	凸显应用与实践	应用技术人才
职业技能型高等院校	面向基层，面向生产、管理、服务第一线	凸显实用与技能	高级职业技能型人才

总而言之，不论是哪一类高校其培养目标都是将立德树人作为根本任务，通过设置专业理论知识学习、专业技能实践锻炼、社会实践活动等项目，引导并培养大学生在校期间修身立德、勤学上进，练就过硬本领、强健体魄、锤炼品德、陶冶情操，成为德智体美劳全面发展的社会主义建设者和接班人。

(二)职场

职场是一个经济学名词，指职业场所，即履行职责、进行工作的地方，主要包括公共部门、商业部门、政府部门和非营利性组织等。职场的本质是一种责任平台，其目标是通过正确的价值观以及相应的执行来实现组织目标。它要求组织中的员工在工作中保持忠诚，不断改进个人能力，以适应组织的需求。职场也是社会和组织文化发展的舞台，它让每一位职场人在自身的生活道路上发挥自己的作用。在职场上，人们可以通过不断学习和进步获得成功，亦可从中获得满足感，增进人际交往。职场的存在，使人们不仅可以获得劳动报酬，还能履行社会责任，更能实现自我价值。

(三)高校与职场的区别

1. 目标不同

在中国特色社会主义新时代，高校的培养目标是培养德智体美劳全面发展、堪当民族复兴大任的时代新人。职场的目标是让从业人员在职场上施展自身已掌握的知识、技能，完成设定的目标任务，产生价值。

2. 环境氛围不同

校园里相对自由，同学们在课余可以自己安排学习活动，有着较为自由的学术氛围，学生可以充分利用校园资源，放飞思想、探索自然的奥秘、社会的法则和学术的真谛；有着活泼自由的社团氛围，学生们在校园里自由发展兴趣爱好，全方位培养兴趣爱好，尽力展示青春风采……相比较，职场氛围则相对严肃，每种职业都有其特定的职业要求，从业人员需要遵守职场规矩，不得随意行事。比如要按时上班、不得迟到早退，积极工作、及时完成任务，以及把工作完成率提高到最高水准。

3. 责任对象不同

大学生在校学习期间，主要由学校和老师对学生负责，向同学们传授专业知识与技术，提供多样化的平台，引导同学们实现自身德智体美劳全面发展。高校不仅要求学生遵守学生守则，同时还对老师提出要求。习近平总书记 2022 年在中国人民大学同师生代表座谈时说："对老师来说，想把学生培养成什么样的人，自己首先就应该成为什么样的人。培养社会主义建设者和接班人，迫切需要我们的教师既精通专业知识，做好'经师'，又涵养德行、成为'人师'，努力做精于'传道授业解惑'的'经师''人师'的统一者。"

当大学生进入职场后则成为职业人，需要对各自的领导负责，在职场中遵守公司规章制度，负责任地完成工作任务，最大限度地发挥效能，为实现所有目标不懈奋斗，创造更多价值。

4. 过程导向不同

高校重视学生学习、实践及培养的过程。学习的过程不仅是积累知识的过程，更是学习知识的过程，能够加深学生对知识的理解，锻炼学生的分析、解决问题的能力，引导学生进行思想和学术领域的探索。因此，学习实践过程在学校里是至关重要的。然而，职场更看重结果、重视最后的工作成绩。工作成绩不仅反映了一个人的能力，决定了个人的职业发展以及晋升前景，还从侧面反映了企业对该员工的期望。所以，大学生在进入职场后要牢记工作目标，努力做好本职工作，以期取得相应的成就。

5. 人际关系不同

大学生在校园里拥有最多的人际关系是平行的同学关系，主要表现在同学之间的友好交流、学习互助、学校团队和社会合作中。同学们的相处更多的是注重彬彬有礼、有序有爱、关注自己关注他人、尊重自己尊重他人。在进入职场转变为职场人时，所拥有的人际关系更多的是交叉同事关系，主要有上下级关系、同事之间的分工合作、上下级沟通汇报、双边履行责任、积极参与集体活动等。其交往原则是以关系为基础，以合作共赢为目的。职场中的人际关系更关注合作与效率，关注如何建立联系和合作关系，保持成果，从而实现共赢。

此外，在细节上高校与职场还存在以下区别，具体见表 9-2。

表 9-2　高校与职场的区别

区别	高校	职场
环境	弹性时间安排	固定时间安排
	可请假	不能随便旷工，请假扣工资
	更有规律、更个别的反馈	无规律、团队反馈
	有寒暑假和各类法定节假日	一般没有寒暑假，节假日可能加班
	大多数问题有正确答案	有些工作任务没有正确答案
	分数上的个人竞争	按团队业绩进行评估
	一般 4 年时间	持续的工作循环
	奖励以客观性标准和优点为主	奖励更多的是以主观性标准和个人判断为基础
	鼓励讨论	也许对谈论不感兴趣
	规定完成任务的交付时间	分派紧急的工作，交付周期很短
	期待公平	有时很独断，并不总是公平
	知识导向	绩效导向
学习过程	抽象性、理论性的原则	具体的问题解决和决策制定
	正规的、系统性的学习	以工作中发生的临时性事件和具体真实的生活为基础
	个人化的学习	社会性、分享性的学习

二、从大学生到职场人的角色转换

角色转换指个体因社会任务和职业生涯的变迁，从一个角色进入到另一个角色的过程。其根本变化是社会权利和义务的变化。大学生在校期间履行学生角色，已经习惯了按时上课、按时完成老师布置的作业、按时作息的节奏，并且对自身学习效果的评定依据主要是学习成绩。然而毕业工作后在履行职业角色时，面对领导布置的工作任务，具体怎么计划、如何做，都得靠自己安排，不会像在校期间有人一直盯着提醒你、手把手教。大学毕业生在从学生向职场人的转换中，要经历四个维度的转换。

（一）由情感导向转为职业导向

大学生在校期间用情感导向引导行为的具体表现为：除学校和老师安排布置的学习任务和实践活动之外，大学生自主学习和实践活动更注重个人体验，有更多的随意性。但是，毕业进入职场成为职业人后，需要尽可能地按照职业操守行事，即使认为自己非常有能力，也要遵章办事。不能像学生时代时一味任由自己的性情去为人处世了，要以整个组织的价值观为出发点，以遵守职业规章制度为基础，准确定位自我的工作方向，明确职业目标，把情感导向转换为精准的职业导向，从而获得更多的职业机会及潜在的职业价值。

案例延展

小强是今年刚毕业的大学生，大学期间学的是物业管理专业，应聘时凭借过硬的专业功底和好口才从众多应聘者中脱颖而出，成功应聘到了一家省会城市的大型物业公司做客服工作。客服工作的主要考核指标是向业主收取的物业管理费。小强亲和力强，又懂物业法，一些难缠的业务一旦需要他出马，基本就能搞定。

两个月的试用期过去了，小强认为自己业绩突出，肯定能通过试用期，结果人事部门通知小强延迟转正。理由是小强上班期间经常迟到早退。经人事部门统计，小强的第一个月迟到2次，早退1次，当时人事部门还找小强谈过话，结果小强并没有放在心上。第二个月迟到2次，早退1次。鉴于公司"试用期迟到或早退超过三次，延迟转正一个月"这一规定，公司决定给小强延迟转正。

案例启示：作为职场新人，应该带着一颗敬畏、尊重的心去对待、遵守职场规则，把它铭记于心，作为日常工作的准绳。可以从了解制度规范、尊重制度规范、不触犯制度"底线"入手，在规章制度指导下开展工作。对于企业来说，规章制度分为通用制度和专用制度，通用制度一般包括聘用制度、薪资制度、请休假制度等；专用制度通常指针对特殊岗位的人或部门规定的制度，比如，公司规定9点上班，公司前台岗位可能8：30就得到岗做好一天工作的前期准备。大学毕业生作为职场新人，初入职场应严格遵守用人单位的规章制度。

(二)由思想意识转为实际行动

大学生毕业后要脚踏实地、兢兢业业地工作。很多大学生，在参加工作之前都很有自己的想法，说起事情来头头是道，但是到了实际工作岗位上却眼高手低，说得比做得好。

案例延展

大学毕业后的小王，回到家乡的茶园开始了自己的创业之路，把自己的茶园经营得有声有色。小王说她的绝招之一就是做到用品质说话。品质是品牌的基础，因为之前和朋友开茶叶店失败过一次，所以小王对茶叶的品质和品牌有了深刻的认识。再创业时，小王决定一边学习茶叶的相关知识，一边提升茶叶的品质。小王想从最基础做起，采茶、收茶、做茶、财务、仓管、接待，几乎所有的工作她都做过。她每天早晨7点起床去茶园，一直要忙到深夜，有时要忙到凌晨一两点，甚至三四点、五六点，彻夜不眠。虽说从最基础做起能加深对茶叶的了解，但是比较专业的知识还是需要系统地去学习。所以小王除了外出参加各种制茶培训班外，还购买了许多与茶叶相关的书籍，把办公室的一架大书橱塞得满满当当，利用一切碎片时间认真学习研究。同时，她还十分关注炒茶细节，虚心向资深制茶师傅请教制茶技艺。她总是反反复复地泡茶、品茶，对每个时段的茶色、茶味做对比：观条索、闻香气、品味道。总之，从施肥到除虫，从采摘到分拣，从杀青到炒制，每一个步骤小王都是亲力亲为，她希望通过细节去提升茶叶的品质，通过自己上手去做，加深对茶叶相关知识的了解。

案例启示：大学生在校期间，应合理规划自己的发展目标，努力做到既不脱离实际也不毫无挑战。有好的想法好的点子时，要科学分析自身条件，把想法、思路转化成一个个可以实现的目标，拒绝眼高手低，做到心中自有星空，脚下亦有行动，通过完成现实目标，不断培养行动力与自信心。步入职场后，作为职场新人要尽快了解职业发展通道，把理想转化为职业目标。实现职业目标有多条途径，大学毕业生要结合自己的岗位、特点，去选择一条最适合自己的途径，更快地实现职业目标，从而最终实现人生理想。

（三）由成长导向转为绩效导向

在校期间，大学生应注重个人的成长，主要是让外在知识、技能、文化内向化促进个体德智体美劳全面成长。大学毕业生参加工作后则要承担各方面的责任，比如经济方面的独立和家庭责任，在这个阶段主要是让内在知识、技能、文化、情感输出，为家庭、为工作单位、为社会、为国家做出应有贡献，为实现中华民族伟大复兴梦不懈奋斗。职场最为看重的就是员工的绩效，大学毕业生作为职场新人只有努力工作、多多付出，才能得到更多的回报。

案例 延展

新入职东风商务用车有限公司的大学生小刘，经过几个月的工作，颇有感触："进入公司那一刻，我们的角色已经发生了转变，即从学生到员工的转变。在学校里，老师也会让我们做一些案例分析，并让我们做出一套优化方案，但是一切都是建立在理想状态下的，即某些状况并不会发生的情况，若将此时的方案实施，多数会出现两种情况，一是成本看似降低了，收入也得到改善；二是收入看似提高了，但是隐形成本却在不经意间提高。步入公司，应该作为公司的一员去思考问题，考虑问题要全面，在降低显性成本的同时，也应该考虑如何对不可控的因素等状况导致的隐形成本进行优化。"

案例启示：绩效是成绩与成效的综合，是一定时期内的工作行为、方式、结果及其产生的客观影响。比如，在企业中，员工的绩效具体表现为完成工作的数量、质量、成本费用以及为企业作出的其他贡献等。绩效导向就是以结果作为衡量工作成效的主要依据；重点关注提高绩效、实现目标和产出结果。如何提高绩效呢？比如，刚入职的同学们可以对照绩效标准设置一个切实可行的绩效目标，完成目标后逐步更新目标，实现工作攀登；加强学习培训，可以通过培训来改善个人绩效，逐渐完成自己的绩效目标。

（四）由个人导向转为团体意识

如今，"00后"大学生个性鲜明、自我意识较强。然而在工作中，团队合作精神以及综合协调的能力尤为重要。团队精神是团队成员为了团队利益和目标而相互协作、尽心尽力的意愿和作风，是将个体利益与整体利益相统一从而实现组织高效率运作的动力，是高绩效团队的灵魂，是成功团队最重要的特质之一。团队精神的内涵主要包括团队的凝聚力、团队的合作意识以及团队的高昂士气。团队凝聚力是针对团队和成员之间的关系而言的，表现为团队成员强烈的归属感和一体性，可以使每个团队成员强烈感受到自己是团队的一分子，把个人工作和团队目标联系在一起，对团队表现出忠诚，对团队的业绩表现出荣誉感，对团队的成功表现出骄傲，对团队的困境表现出担忧。当大学毕业生进入职场成为职场新人，就应该要培养这种精神。

案例延展·

每年的5、6月是大多数企业补充新鲜血液的时期，为了让刚加入公司的新员工能更快地融入到集体当中，也能有更高的工作效率和工作热情，很多公司都会举办一些团建迎新活动。

毕业墙：通过团队之间搭建人梯，帮助同伴顺利通过墙体，考验的是团队协作，将不可能完成的任务变成了可能。这种团建活动不仅能激发团队凝聚力、提升个人的意志力，同时还考验着每一个人的奉献精神。对于刚入职的员工，可以快速建立彼此之间的黏性，有助于提高团队成员在今后工作中的迅速反应力并促进相互协助。

高空挑战：对于高空抓杠、断桥等空中项目，每个人最先的感受都是恐惧，接踵而来的是害怕、拒绝尝试，但在面对一项不得不完成的项目时，团队之间的互相扶持、互相打气、安慰将会帮助大家更好地去完成。不管这种团建活动的结果如何，勇于克服恐惧，勇往直前，挑战自己，包容他人，这些可贵的精神和难忘的记忆，就会在今后的工作中扎根生长，对每一个人都产生影响。

如何快速培养团队意识？首先要了解自身所在的团队以及团队成员，如团队目标、团队文化，队友的工作经历、个性特征，并且热爱自己所在的团队，真心实意地与团队成员同甘共苦。其次，正确处理竞争与合作的关系，团队成员之间既可能是合作关系，也可能是竞争关系。因为我们每个人的才能都是有限的，每个人都有自己的特长，正确处理同事之间关系，树立良好形象，可以在团队协作中获得互相成长的双赢局面。

（五）由兴趣导向转为责任导向

大学生凭兴趣做事，比较注重自我的感受，但在进入职场后要承担职责，要把兴趣导向慢慢向责任导向转变。从法律角度讲，对于任何一个人来说，权力可以放弃，但是责任和义务必须要履行。

案例延展

"00后"小江从小就对警察充满向往，每每在电视上看到警察制止犯罪嫌疑人就感觉很酷，后来他努力考上了警察学院。2022年他去到基层刑侦大队开展为期一年的跟班学习。他说："跟班学习4个半月的时间，我真切感受到一线工作的艰苦以及一线刑警的辛勤付出。加班、熬夜是常态，但我从未听过任何一位前辈说苦说累。这4个半月，让我清楚地认识到了自己的不足、与前辈们的差距，他们身上的技能和品质都值得我努力学习。抓捕、讯问犯罪嫌疑人，询问被害人和证人，规范办案流程等，都是书上学不到的知识经验。在以后的工作过程中，我会打起十二分的精神，积极向前辈学习，遇到不懂、不会的第一时间请教，不怕苦不怕累，朝着成为一名合格甚至优秀的基层刑警不懈奋斗！"

案例启示：在工作中，一个人具备了强烈的责任心就会拥有强烈的自信心与使命感，会对工作投入极大的热情，不断进取，会自觉地按时、按质、按量地完成工作任务，会主动处理好分内和分外的一些工作。从小江的身上我们看到了责任的体现，他不仅热爱这份职业，同时他所拥有的高度责任感让他感受到自身存在的不足，自驱力驱使他努力学习，面对加班、熬夜他也不怕苦不怕累，还力争成为一名优秀的基层刑警。

▶ 第二节 职业适应

一、职业适应的概念

适应是指个体通过调整、发展主体性动作以满足客体变化的过程，也是个体与环境相互协调不断趋于完善、平衡的过程。职业适应是社会适应的一个重要方面，是指职业人在积极的职业价值观指导与统率下，所形成和维持的职业心态、职业能力、职业关系等与职业劳动及其环境之间达到和谐状态的过程。简单理解就是，大学毕业生进入职场后与具体的职业环境进行互动、调整，让个人的知识、能力、兴趣和性格特征同其正从事或将选择的工作相适应，以达到动态平衡的过程。

完成职业适应主要表现在四个方面，分别是职业技能适应、职业心理适应、职业环境适应和职业人际适应。具体包括以下内容。

(1)能够适应现阶段的工作环境、工作内容、工作要求和团队合作等方面内容；

(2)工作期间遵守公司规章制度，表现出良好的工作态度和行为习惯；

(3)能够积极主动地解决工作中的问题，提出建设性意见和想法，主动承担职责；

(4)遇到困难挫折，能够通过自我反思和改进，提升职业素养和形象，不断增强职业竞争力；

(5)能够利用业余时间不断学习和实践，提高自己的专业技能水平；

(6)为了今后发展，能够根据自身条件制订职业发展计划，积极寻找职业发展机会。

二、职业适应的阶段

一般来说，职业适应期会根据每个大学毕业生所面临的主客观条件不同存在或长或短的差异，但总的来看，都会经历以下四个阶段。

1. 兴奋好奇阶段

大学毕业生走上工作岗位之初，都是充满热情、干劲十足，对新环境充满了新鲜感和好奇心，希望在新的岗位上大显身手，实现自己的理想和抱负。

2. 矛盾冲突阶段

随着时间流逝，大学毕业生刚刚步入岗位的激动和兴奋会逐渐平复，好奇心逐渐消失，随之而来的是矛盾和冲突的产生。这段时间，可能面临最困难的时刻，也许会面对接踵而至的工作难题，也许会对个人价值产生怀疑，甚至会对职业未来感到迷茫。

3. 调整平衡阶段

当矛盾和冲突出现时，已成为职场新人的大学毕业生需要立刻进行调整，立足现实，冷静、客观地分析所面临的难题，并且积极主动探索今后的职业道路。

4. 稳定发展阶段

这个阶段意味着大学毕业生的职业生涯开始顺利启航，大家逐步适应了所处的职业环境，完成了相应的角色转换。同时其职业理想、职业兴趣逐步稳定，人际关系也开始变得更和谐，并且能主动融入到新环境中，成为其中的一员。

这四个阶段描述了大学毕业生进入职场会普遍经历的发展过程。调查显示，多数职场新人在半年内能够顺利度过适应期，少部分可能需要半年甚至超过一年的时间，而极少数人在面对矛盾冲突期，没能顺利完成过渡和调整，开始变得意志消沉、逃避现实，职业生涯进入恶性发展阶段。影响大学毕业生职业适应的原因是多方面的，其中无法尽快完成学生角色向职业角色转换是主要因素之一。为了顺利完成这四个阶段的平稳衔接，尽快适应工作，大学毕业生需尽早明确学生角色与职业角色的区别。

三、职业适应的策略

"优胜劣汰，适者生存"是亘古不变的法则。远古时代，我们的祖先为了生存，努力适应自然环境的变化。而当今社会，为了努力实现自己人生理想，大学毕业生在进入职场以后也要尽快适应所从事的职业，尽快完成角色转换和职业适应。但这种适应转换能力并非与生俱来，它既需要个人的天赋，更需要磨练和学习来获取经验。因此，大学毕业生应掌握以下职业适应策略。

(一)慎重择业以达到人职匹配

选择职业是人一生中的一个重要转折点。选好了，可以为成就事业打下良好的基础；选得不好，将面临无数的坎坷。而职业选择得正确与否，并非是看工资够不够高、环境是不是优越、离家近还是不近……在选择职业的过程中，大学毕业生需重点考虑的是性格与职业的匹配、兴趣与职业的匹配、特长与职业的匹配、内外环境与职业的匹配等。良好的职业选择应以自己的最佳才能、最优性格、最大兴趣、最有利环境等信息为依据。大学毕业生可将适合自身特点作为就业择业的基本着眼点。因此，大学生在择业时不仅要从社会需要出发，同时也需要考虑自身的实际情况，扬长避短。这样当自身知识、能力、素质和岗位匹配度越高，那么适应工作的过程就会阻力越小，适应的时间相应也会大大缩短。

(二)了解规范促进角色转换

适应新的职业环境，总的包括两个方面：一方面是适应新的工作，主要和"物"打交道；另一方面是适应新的人际，主要是同"人"打交道。

大学毕业生要想尽快适应新的工作，就要尽快熟悉该行业的角色规范，包括技术规范、纪律规范、道德规范。作为一个职场新人，严格自身纪律要求是最基本的底线。同时，也要迅速掌握工作技能，提高工作效率，积极参加职业培训，虚心求教于师傅、同事，端正工作态度，这样有助于自身尽快投入新的工作，也容易得到他人的帮助和宽容。对大学毕业生而言，熟悉新的工作难免要花点时间，有可能还会出现摸不着头脑、不知从何开始的情况。建议大学毕业生初入职场时从以下三方面入手。

1. 尽快熟悉单位内部的组织结构

熟悉单位内部的组织机构，包括单位有哪些部门，各个部门是如何分工和协作的，自己所在部门在单位中的功能和地位，所在部门内同事的头衔和级别，等等。当大学毕业生对单位整体框架有了初步了解后，就能初步明确自己在公司的发展前景，不至于只顾埋头工作而忽略了发展方向，也有能力将被动地接受工作安排变成主动争取。

2. 需要明确单位在行业内的地位

在做完上述第一项功课之后，大学毕业生还应将眼光放长远，关注所在公司的战略前景。比如公司是否是行业的领跑者，是否面临内忧外患，这样就能知道公司在行业内有哪些发展机会，自己能和公司一起走多远。

3. 了解行业的发展状况

大学毕业生在进入职场后需要对行业有一个宏观把握，了解该行业究竟是朝阳产业还是夕阳产业。这样就能知道几年后自己积累的经验对自己职业发展会有什么帮助；如果未来转入相关行业，还需要补充哪些技能。

4. 适应新的人际关系

这实际上就是融入新集体和新团队的过程。这是一个双向的互动，意味着既需要让团队接受你，自己也要接受所在的团队。不同条件下的人际关系中有些良好的品质是相通的，如真诚坦率、诚实有信、谦虚随和、公正无私。在进入职场后，大学毕业生还会面临不同种类的人际关系，如同事关系、上下级关系、师徒关系等。在不同关系中，尊重和平等、友善和正直等特质都是必要的。

5. 融入团队文化

当真正融入团队以后，大学毕业生就会与工作团队建立一种奇妙的情感链接——归属感。一旦归属感建立，就有了精神寄托，在工作中遇到的困难和障碍也就更加容易化解。

　　大学毕业生把这几项功课做好了，才能做到有的放矢，工作才会变得更有计划性和目的性，在职业适应过程中也更有信心和勇气去面对各项挫折和失败。否则当工作新鲜感消失，自己仍然是懵懂状态，工作积极性和工作质量都无法保证。

(三)工作成就强化职业适应

　　在实际工作中，工作成就与职业适应之间是互为条件、相辅相成的关系。成就感不仅仅来自于最后的成功，更加来自于每一步工作良好完成的喜悦。成就感的积累有助于开展下一步的工作，直至事业成功。其主要原因表现在以下三个方面。

　　(1)每个人在工作中都有做好本职、有所成就的需要。这种需要的满足会激励大家积极地参加职业活动、克服困难并排除干扰，从而提高适应能力。

　　(2)每个人的工作成就是职业适应性的外部标志。在职业生涯中，良好的适应能力可以减少许多不必要的内损外耗，更易在工作中取得较高的成绩。

　　(3)在取得了一定的工作成就后，人们会认识到自身的进步，会从来自社会和外部群体的反馈信息中得到赞许，既可享受成功的快乐，也能提高并增强职业适应性。随着职业成就水平的提高，大学毕业生作为职场新人其职业水平也会不断得到提高。

(四)提高素质增进职业选择弹性

　　培养广泛的兴趣，能使人摆脱狭隘的职业观念、拓宽职业视野，在面临职业或专业转向时有更大的选择余地。同时这也能作为必要的心理动力，从情感上给予人肯定和支持，有利于大学毕业生做好职业适应。而一定的文化知识、职业知识或专业知识都是必要的基础，是人们按照客观规律从事职业活动的必要保证。因此具有广博的知识，可以使大学毕业生在不同职业中有更多迁移的可能，具有更大的变通性，从而增强其职业适应能力。另外观察力和思考力也是必备品质。大学毕业生要进入职业角色，需要善于观察、勤于思考。只有善于观察才能发现问题，掌握第一手资料，更充分了解事物的内部发展规律。同时，勤于思考才能使自己有独到的见解，逐步训练自身独立开展工作的能力，更好承担职业角色。

(五)保持积极的工作心态

　　不论从事何种工作，遭遇挫折是在所难免的，对于初入职场的大学毕业生更是如此。俗话说:"有志者、事竟成,破釜沉舟,百二秦关终属楚;苦人心、天不负,卧薪尝胆,三千越甲可吞吴。"乐观、积极的工作心态可以帮助大学毕业生正视困难、消除工作烦恼。也许只有经历了波折和风浪,才会在以后的职业生涯中有优异的表现和更好的发展。

案例延展

到岗只是个起点,融入得好不好才是关键。加入新公司,几乎所有人都会撞上一堵墙:文化的差异、工作习惯的不同……但是为使新员工能顺利融入工作团队,大部分管理者并不太清楚自己需要做什么、怎么做。某大型公司的新员工融入管理计划——180 天、8 阶段的行动清单,值得同学们了解。

第一阶段:新人入职,让他知道来干什么的(3~7 天)

为了让新员工在 7 天内快速融入企业,管理者需要做到下面 7 点。

1. 安排位置。给新人安排好座位及办公的桌子,拥有自己的地方,并介绍位置周围的同事相互认识(每人介绍的时间不少于 1 分钟)。

2. 开欢迎会。开一个欢迎会或聚餐介绍部门里的每一人,相互认识。

3. 公司介绍。直属上司与其单独沟通,让其了解公司文化、发展战略等,并了解新人专业能力、家庭背景、职业规划与兴趣爱好。

4. 岗位介绍。HR 主管与新员工沟通,告诉他工作职责、未来发展空间以及价值。

5. 第一周的工作任务介绍。直属上司告诉他每天需要做什么、怎么做、与任务相关的部门负责人是谁。

6. 日常工作指导。对于新员工日常工作中的问题及时发现、及时纠正(不作批评),并给予及时肯定和表扬(反馈原则);检查每天的工作量及工作难点在哪里。

7. 安排新老同事接触。让老同事(工作 1 年以上)尽可能多地和新员工接触,消除其陌生感,让其尽快融入团队。关键点:一起吃午饭,多聊天,不要在第一周谈论过多的工作目标以免给予其过多的工作压力。

第二阶段:新人过渡,让他知道如何能做好(8~30 天)

转变往往是痛苦的,但又是必须的,管理者需要用较短的时间帮助新员工完成角色过渡,下面提供 5 个关键方法。

1. 熟悉公司各部分。带领新员工熟悉公司环境和各部门人,让他知道怎么写规范的公司邮件，怎么发传真，电脑出现问题向谁寻求帮助，如何接内部电话等。

2. 安排老同事带新员工。最好将新员工安排在老同事附近，方便观察和指导。

3. 积极沟通反馈。及时观察新员工的情绪状态，做好及时调整，通过询问发现其是否存在压力。

4. 经验传授。适时把自己的经验及时教给他，让其在实战中学习，学中干、干中学是新员工受看重的能力之一。

5. 肯定与表扬。对其成长和进步及时肯定和赞扬，并提出更高的期望。工作要点：反馈技巧。

第三阶段：让新员工接受挑战性任务（31～60天）

在适当的时候适当给予新员工一定的压力，往往能促进新员工的成长，但大部分管理者却选了错误的方式施压。

1. 讲清工作要求和关键指标。知道新员工的长处及掌握的技能，对其讲清工作的要求及考核的指标要求。

2. 开展团队活动。多开展公司团队活动，观察其优点和能力，扬长避短。

3. 给予包容。犯了错误时给其改善的机会，观察其逆境时的心态，观察其行为，评估其培养价值。

4. 多给机会。如果其实在无法胜任当前岗位，看看是否适合其他部门，多给其机会。管理者很容易犯的错误就是一刀切。

第四阶段：表扬与鼓励，建立互信关系（61～90天）

管理者很容易吝啬自己赞美的语言，或者说缺乏表扬的技巧，而表扬一般遵循三个原则：及时性、多样性和开放性。

1. 及时表扬。当新员工完成挑战性任务或者有进步的地方，应及时给予表扬和奖励，注重表扬鼓励的及时性。

2. 鼓励的多样性。要做到多种形式的表扬和鼓励，要多给他惊喜，多创造不同的惊喜感。

3. 分享成功经验。多向公司同事展示下属的成绩，并分享其成功的经验。

第五阶段：让新员工融入团队主动完成工作(91~120 天)

对于新员工来说，他们不缺乏创造性，更多的时候管理者需要耐心地指导他们如何进行团队合作，如何融入团队。

1. 鼓励发言。鼓励下属积极踊跃参与团队的会议并在会议中发言，当他们发言之后作出表扬和鼓励。

2. 团队经验分享。对于激励机制、团队建设、任务流程、成长、好的经验要多进行会议商讨、分享。

3. 鼓励提建议。与新员工探讨任务处理的方法与建议，当下属提出好的建议时要去肯定他们。

4. 处理矛盾。如果新员工与旧同事间出现矛盾要及时处理。

第六阶段：赋予员工使命，适度授权(121~179 天)

当度过了前 3 个月，一般新员工会转正成为正式员工，随之而来的是新的挑战，当然也可以说是新员工真正成为公司的一分子。管理者的任务中心也要随之转入以下 5 点：

1. 帮助下属重新定位。让下属重新认识工作的价值、工作的意义、工作的责任、工作的使命、工作的高度，找到自己的目标和方向。

2. 及时处理负面情绪。时刻关注新下属，当下属有负面的情绪时，要及时调整，要对下属的各个方面有敏感性；当下属问到一些负面的、幼稚的问题时，要转换方式，从正面积极的一面去解决他的问题。

3. 提升员工企业认同感。让员工感受到企业的使命，放大公司的愿景和文化价值、放大战略决策和领导意图等，聚焦凝聚人心和文化落地、聚焦正确和高效沟通、聚焦员工绩效和职业素质提升。

4. 引导分享公司成长。当公司有什么重大的事情或者振奋人心的消息时，要引导大家分享。要求：随时随地激励下属。

5. 适当放权。开始适度放权让下属自行完成工作，使其发现工作的价值并享受成果带来的喜悦，但放权不宜一步到位。

第七阶段：总结，制定发展计划(180 天)

6 个月过去了，是时候帮下属做一次正式的评估与发展计划。管理者应与下属做一次完整的绩效面谈。面谈一般包括下面的 6 个步骤。

1. 准备绩效面谈。每个季度保证至少 1~2 次一个小时以上的正式绩效面谈。面谈之前要做好充分的调查，谈话做到有理、有据、有法。

2. 明确绩效面谈内容。管理者帮助员工明确目的、做好员工自评（做了哪些事情，有哪些成果，为成果做了什么努力、哪些方面做得不足、哪些方面和其他同事有差距）。

3. 先肯定，后说不足。管理者的评价包括成果、能力、日常表现，要做到先肯定成果，再说不足，在谈不足的时候要有真实的例子做支撑（此时可运用的技巧依然是反馈）。

4. 协助下属制定目标和措施。建议让他作出承诺，监督并检查承诺目标的进度，协助他达成既定的目标。

5. 为下属争取发展提升的机会。多与他探讨未来的发展，至少每3～6个月给下属评估一次。

6. 给予下属参加培训的机会。鼓励他平时多学习，多看书，帮助每个人制定出成长计划，分阶段去检查。

第八阶段：全方位关注下属成长（每一天）

度过了前90天，一般新员工会转正成为正式员工，随之而来的是新的挑战，当然也可以说是新员工真正成为公司的一分子。

1. 关注新下属的生活。当他受打击、生病、失恋、遭遇生活变故、心理产生迷茫时多支持、多沟通、多关心、多帮助。

2. 庆祝生日。记住部门每个同事生日，并在生日当天部门举行集体庆祝活动；记录部门大事记和同事的每次突破，对每人每次的进步给予表扬、奖励。

3. 团队活动。每月举办一次各种形式的团队集体活动，增加团队的凝聚力。关键要点：坦诚、赏识、感情、诚信。

第十章　职业精神与培育

▶ 第一节　职业精神

职业对每一个人而言都有三层意义：生存、社会角色和自我价值实现。选择一份职业以劳动换取相应报酬作为谋生手段，是被大多数人认可的，这也是工作最基本的目的。从大学生进入社会开始第一份工作时，直至退休，约有 30 年的工作时间。在这 30 年中，大学生会从一个奋发图强、攻坚克难的懵懂青年，历练成一个德才兼备的职业人。大学毕业生以什么样的职业精神对待工作，不仅关系到今后的工作成就，还关系到未来 30 年的生活质量，甚至关系到究竟如何看待人生的价值与意义。

一、职业精神的内涵

职业精神与人们职业活动紧密相连，是指具有职业特征的精神与操守，即从事这种职业就该具有的精神、能力和自觉。从实践内涵去理解，职业精神突出体现在敬业、勤业、创业三方面。

(一)敬业

敬业是职业精神的首要实践内涵，即社会成员特别是从业者对适应社会发展需要的各类职业特别是自己所从事的职业的尊敬和热爱。敬业本质上是一种文化精神，是职业道德的集中体现；是从业者希望通过自身的职业实践，去实现自身的文化价值追求和职业伦理观念。人们从事职业活动，既是对社会负责承担相应的职责和义务，又是对自我价值的肯定和完善。职业精神所要求的敬业承载着强烈的主观需求和明确的价值取向，这种主观需求和价值取向构成从业者实践活动的内在尺度，规定着职业实践活动的价值目标。

马克思在《青年在选择职业时的考虑》中写道："如果我们选择了最能为人类服务的职业，我们就不会为任何沉重负担所压倒，因为这是为全人类作出牺牲；那时我们得到的将不是可怜的、有限的和自私自利的快乐，我们的幸福将属于亿万人，我们的事业虽然并不显赫一时，但将永远发挥作用，当我们离开人世之后，高尚的人将在我们的骨灰上洒下热泪。"[①]马克思在青年时期就建立起的为全人类服务的崇高目标，为广大毕业生树立了光辉的榜样。

（二）勤业

古人说"业精于勤"。职业精神必须落实到勤业上。毛泽东在《纪念白求恩》一文中对"勤业"给予了充分的肯定和高度的评价。他指出："白求恩同志毫不利己专门利人的精神，表现在他对工作的极端的负责任，对同志对人民的极端的热忱。"[②]白求恩同志"以医疗为职业，对技术精益求精，在整个八路军医务系统中，他的医术是很高明的。这对于一班见异思迁的人，对于一班鄙薄技术工作以为不足道、以为无出路的人，也是一个极好的教训"。为了做到勤业，大学毕业生不仅要强化职业责任，端正职业态度，还需要努力提高职业能力。

（三）创业

创业是指创立个人、集体、社会的各项事业，已日益成为社会经济发展的原动力和驱动力。创业的内涵包括创业精神和创业能力。其中，创业精神主要指创业人要具备自主、自信、勤奋、坚毅、果敢、诚信等心理品格，以及开拓精神、创新精神等。创业能力指创业人致力于运用各种方式方法去理解、创造、开发新事物，产生新结果的能力。

二、职业精神的要素

社会主义职业精神由多种要素构成，它们互相配合，形成严谨的职业精神。职业精神的要素由职业理想、职业态度、职业责任感、职业知识、职业能力、职业良心、职业信誉、职业作风和职业荣誉 9 部分内容构成。

---

① 马克思：《马克思恩格斯全集（第四十卷）》，中共中央马克思恩格斯列宁斯大林著作编译局，译，人民出版社，1982，第 27 页。

② 毛泽东：《毛泽东选集（第二卷）》，人民出版社，1991，第 335 页。

（一）职业理想

职业理想是个体基于自身的职业兴趣、职业能力和职业情商等因素评估的基础上，就自己未来职业而言，希望达到的成就的向往和追求。职业理想是指人们对未来美好职业生活的构想，包括将来从事什么职业，做出多大成就以及达到何种境界方面的规划和设计。职业理想是推动个人在职业上获得成功的内在动力，也是实现人生理想的重要途径。职业理想有三方面特点。

1. 差异性

一个人选择什么样的职业，与他的思想品德、知识结构、能力水平、兴趣爱好等都有很大关系。思想政治觉悟、道德修养水准以及人生观决定着一个人的职业理想方向；知识结构、能力水平决定着一个人的职业理想所追求的层次；个人兴趣爱好、气质性格等非智力因素以及性别特征、身体状况等生理特征决定着一个人的职业选择。因此，职业理想具有一定的差异性。

2. 发展性

一个人的职业理想内容会因时、因地、因事的不同而变化。随着年龄的增长、社会阅历的增强、知识水平的提高，人们的职业理想会由朦胧变得清晰，由幻想变得现实，由具有波动性变得具有稳定性。

3. 时代性

社会的分工、职业的变化是影响一个人职业理想的决定因素。生产力发展的水平不同、社会实践的深度和广度不同，人们的职业追求目标也会不同，因为职业理想是一定的生产方式及其所形成的职业地位、职业声望在一个人头脑中的反映。因此，职业理想具有时代性。

（二）职业态度

职业态度是指从业者对其从事的职业所持有的价值认知、情感反应和行为倾向。态度的养成机制不同于事实性知识的传授，不能通过灌输与背诵获得，其形成过程要经历三个阶段：依从—认同—内化。其中认同和内化都是发生在个体内部的，是一个内隐含蓄的过程，任何外力都只能起到辅助催化作用，决定力量还是在于个体内心。就师范生而言，其所修专业为教育学方向，培养目标和就业目标比较明确，即到中小学校、幼儿园或者其他教育机构从事教学与管理工作。作为师范学生，他们的职业态度养成模式为：在校期间，经过知识的学习和环境的耳濡目染，对教师这份职业的态度或许会从最初的感知性依从转化为内心的认同，随后通过教育实习实践，使之成为一种较为强烈的行为倾向。

(三)职业责任感

职业责任感包括职业团体责任和从业者个体责任两个方面。在国家与企业的责、权、利关系中，责是主导方面。培养职业责任感的关键在于要促进从业者把客观的职业责任变成自觉履行的道德义务，这是社会主义职业精神的一个重要内容。

(四)职业知识

职业知识包括职业所需的素质、职业特点、行业发展现状、人力资源情况等方面。从业者若具备相应的职业知识，个体就能够对所从事职业形成大致的了解与感知。大学毕业生具备相应的职业知识是做好就业准备的第一步。

(五)职业能力

职业能力是指人们从事其职业需具备的多种能力的综合，也是大学毕业生未来踏入社会从事职业活动和推进职业发展的核心要素之一。职业能力的培养和提高对大学生做好职业准备以及职业发展都是极为重要的。职业能力包含团队建设、沟通表达、时间管理、执行力、职场礼仪、职场适应等内容。

(六)职业良心

这是从业者对职业责任的自觉意识，在人们的职业生活中有着巨大的作用，贯穿于职业行为过程的各个阶段，是从业者重要的精神支柱。职业良心能使从业者依据履行责任的要求，对行为的动机进行自我检查，对行为活动进行自我监督。在完成职业行为后，能够对行为的结果和影响作出评价。对于履行了的职业责任，大学毕业生会得到内心的满足和欣慰；反之，则进行内心的自我谴责，表现出内疚和悔恨。

(七)职业信誉

它是职业责任和职业良心的价值尺度，包括对职业行为的社会价值所做出的客观评价和正确的认识。社会主义职业精神强调职业信誉，更重视把社会的客观评价转化为从业者的自我评价，促使从业者自觉发扬社会主义职业精神。

(八)职业作风

职业作风是从业者在其职业实践中所表现的一贯态度。从总体上看，职业作风是职业精神在从业者职业生活中的习惯性表现。职业集体有了优良的职业作风，就可以互相教育，互为榜样，形成良好的职业风尚。

(九)职业荣誉

职业荣誉感是一定的社会组织或团体对人们履行社会义务的道德行为的肯定和褒奖，是特定人从特定组织获得的专门性和定性化的积极评价，即从事本职业的个人因意识到这种肯定和褒奖所产生的道德情感。职业荣誉感来自两个层面，一个是社会评价，也就是社会舆论对劳动者在履行职业责任时表现出的道德行为所作出的赞扬，这是客观标志。另一个层面则是劳动者产生了一种自我意识，意识到自己所从事的职业具有某种社会价值，能为社会和工作做出奉献，从而对自己的职业产生敬爱之心，这是一种很强烈的挚爱和自尊的表现。

三、职业精神的表现

职业精神主要表现为劳动精神、奋斗精神、奉献精神和创造精神。

(一)劳动精神

劳动精神是指劳动者在劳动中展现出的精神状态、精神面貌、精神品质。马克思主义认为，"整个所谓世界历史不外是人通过人的劳动而诞生的过程"，这说明劳动是人类社会生存和发展最基本、最重要的实践。新时代劳动精神有着丰富的内涵，主要内容为崇尚劳动、热爱劳动、辛勤劳动、诚实劳动。新时代劳动精神不仅在内容上继承和发展了马克思主义劳动价值观和中华民族的传统美德，而且还彰显了"辛勤劳动、诚实劳动、创造性劳动"的新理念，倡导"劳动光荣、技能宝贵、创造伟大"的时代风尚，生成了一种"劳动者至上、劳动者平等、劳动者可敬、劳动最光荣、劳动最崇高、劳动最伟大、劳动最美丽"的劳动观。

劳动精神的培养是实现人的全面发展的基础，是大学毕业生实现自我发展，自我完善的重要途径。人们在劳动实践中可以培养岗位意识、职业精神、进取精神、拼搏精神、创新精神、家国情怀和奉献精神等。

(二)奋斗精神

习近平总书记在庆祝中国共产主义青年团成立 100 周年大会上，勉励广大青年做"有理想、敢担当、能吃苦、肯奋斗的新时代好青年"，这既是对新时代青年的期许，更是对新时代青年群体形象提出的要求。"肯奋斗"就是强调青年要主动接过前辈手中艰苦奋斗的接力棒，始终葆有锐意进取的创业精神，立足自身岗位、履职尽责，以实干书写人生，用奋斗镌刻荣光。奋斗精神内涵丰富、意义深远，包含艰苦奋斗的拼搏精神、永不懈怠的进取精神、百折不挠的斗争精神以及躬行不辍的务实精神。

在信息多元化、泛娱乐化的互联网时代，大学生很容易受到享乐主义、利己主义、拜金主义等消极思想的影响，久而久之导致大学生内心脆弱、逃避竞争缺少斗志，最终向命运低头。大学生在校期间应当努力树立起正确的"奋斗观"，要认识到新时代是奋斗者的时代。新时代呼唤着、召唤着奋斗者，因为幸福是奋斗出来的，奋斗的人也因此而更幸福。作为时代弄潮儿的青年大学生，更需要具有奋斗精神，做新时代奋斗者的表率。青年人奋斗，则国家奋斗；青年人富强，则国家富强！通往成功的路从来就不是一帆风顺的，更不是一蹴而就的，只有实干，只有久久为功，才能成就壮丽诗篇。要力行，要知行合一，要严谨务实，要苦干实干，才能避免纸上谈兵。做事时要有事必躬亲的精神，调研之后再发言，学习之后必实践，工作之后善反思。自觉摒弃工作上的形式主义做派，慎微慎独一步一个脚印，发扬钉钉子精神，才能成为有用之人，有为之士。

案例延展·

特别能吃苦、特别能战斗、特别能攻关、特别能奉献

——载人航天精神①

"特别能吃苦"诠释了航天人热爱祖国、为国争光的坚定信念。浩瀚太空令人神往，但是它对人类的要求极为苛刻。在攀登"天梯"的训练中，中国航天员们一次次向生理和心理极限发起挑战。低压缺氧耐力检查，相当于以每秒15米的速度被提升至海拔5000多米，航天员冒着氮气在血管中形成气泡甚至气栓的危险，忍受头晕恶心甚至休克的反应，每次持续30分钟以上。航天员系统总设计师黄伟芬形容："没有异于常人的坚韧，很难熬过来。"在超重耐力训练中，航天员要在高速旋转的离心机里承受40秒的8倍重力加速度，

---

① 案例来源：共产党员网，原标题《中国共产党人精神谱系之三十五·载人航天精神》

往往面部肌肉变形，呼吸异常困难，按手边请求暂停的红色按钮，20年来从没有人按过。在以航天员为代表的航天人心中，祖国的分量最重、人民的利益最大，他们始终以报效祖国、成就航天事业为最高荣誉，中国的载人航天事业铸就辉煌、创造奇迹，离不开航天人的艰苦奋斗。

"特别能战斗"诠释了航天人独立自主、敢于超越的进取意识。中国航天科技集团五院在工程论证、立项时，就大胆提出技术大跨越思路，跨过国外从单舱到多舱的40年历程，直接研制国际上第三代飞船，拿出了独具中国特色的"三舱方案"。神舟号飞船首任总设计师戚发轫院士自豪地说："中国航天火箭上、飞船上的发动机，全是我们自己的。这是逼出来的自力更生。"

"特别能攻关"诠释了航天人攻坚克难、勇于登攀的品格作风。20世纪90年代，中国的长征系列运载火箭已经形成了12种不同类型的火箭，能满足发射不同轨道、不同重量卫星的要求，具备了发射载人飞船的能力和技术物质基础。为支撑载人航天事业，中国航天科技集团一院的科技人员又重点突破了高可靠性、逃逸系统、冗余技术等3道难关。为保证长征二号F火箭具备高可靠性，科技人员采用了55项新技术，解决了一系列技术难题，研制了堪称世界级课题的火箭故障检测诊断系统，确保中国航天员安全进入太空。正是发扬不畏艰险、特别能攻关的精神，中国航天科技集团一院的科技人员抓住一切机会提高火箭可靠性，最终完成了这些看似不可能完成的任务。

"特别能奉献"诠释了航天人淡泊名利、默默奉献的崇高品质。一人飞天凝结万人心血。载人航天工程是一项宏大的系统工程，包括发射场、测控通信、着陆场、航天员、火箭、飞船等各大系统在内，每次载人飞行，有超过10万名技术人员用齿轮咬合般的团结协作托举起英雄飞天。从几十年如一日刻苦训练、等待飞天的航天员，到甘做隐姓埋名人的广大一线航天人，他们的坚守与飞天的辉煌一起，构成了中国航天史上厚重的一页。

经过几代航天人奋斗拼搏凝聚而成的载人航天精神，不仅是托起飞天梦的精神之翼，更是全体中国人民宝贵的民族精神财富。

(三)奉献精神

奉献精神是一种爱，是对自己事业的不求回报的爱和全身心的付出。每个人无论身处何种岗位，能力如何，都在有意无意地奉献，也在不知不觉中享受他人奉献的成果。对个人而言，就是要在这份爱的召唤之下，把本职工作当成一项事业来热爱和完成，从点点滴滴中寻找乐趣；努力做好每一件事、认真善待每一个人。

案例延展·

有一种青春叫奉献——徐本禹的支教人生①

2013年，"本禹志愿服务队"的同学们给习近平总书记写了一封信，汇报了他们开展志愿服务活动的成果及他们的认识体会。同年12月5日，他们收到了总书记的回信。总书记肯定了他们在服务他人、奉献社会中取得的成绩和进步，勉励他们弘扬志愿精神，为实现中华民族伟大复兴的中国梦作出新的更大贡献，并向这支志愿服务队和全国广大青年志愿者致以诚挚问候和崇高敬意。

说起"本禹志愿服务队"，就要从这支队伍的带头人徐本禹开始讲起。

徐本禹，中共党员，1982年出生在山东聊城一个贫困的农民家庭。父亲是一名小学民办教师，母亲在家务农。1999年，徐本禹考入华中农业大学。他端过盘子，扛过书架，做过家教，也受到过许多好心人的帮助。"我一直告诉自己，别人给我一口饭，我一定要还别人一碗肉！"大学四年，徐本禹用自己的奖学金和生活补助资助了5名贫困学生。

放弃公费读研赴贵州支教

做家教时偶然看到一篇对贵州"岩洞小学"的报道，这改变了徐本禹的人生轨迹。大三暑假，他和4名志愿者来到当时没有通水、没有通电、没有通路的贵州省大方县猫场镇狗吊岩村为民小学支教，原计划两周的支教最后变成了两个月。返回母校后，他却常常接到来自为民小学的信，孩子们的惦念让徐本禹"感到了一种被需要"。

2003年7月，徐本禹高分考上母校公费研究生，但他一直牵挂着贵州的孩子们。经过再三考虑，他决定放弃读研究生的机会，重返贵州支教。华中农业大学对他的这一决定非常支持，破例为他保留了两年研究生入学资格。

重返贵州后，徐本禹先到为民小学支教一年，接着又来到条件更加艰苦的大水乡大石小学支教一年。

---

① 案例来源：共产党员网

大山深处孤身支教

2002 年暑假在狗吊岩支教时经历的艰苦，曾让徐本禹觉得"应该不会再有什么困难能压倒自己了"。然而正式支教后，所遇到的困苦还是超过了他的想象。

狗吊岩是一个几乎封闭的"孤岛"。这里不通公路、没有电，更别说电话，寄一封信要跑 18 公里崎岖的山路。

尽管自己也是苦孩子出身，但是这里的苦还是有些难以承受：粗糙的玉米渣和酸菜汤是一天的主食，缺油少盐，难以下咽，不时还有苍蝇掉进碗里；晚上睡觉时不时有跳蚤和臭虫往身上爬，咬得人浑身是疙瘩，无法入睡。

孤独是支教生活最大的敌人。有时，徐本禹从睡梦中醒来，发现枕巾都被泪水打湿了。有一次因为实在"太孤独"，徐本禹提前一周跑回了武汉。但他并没有半途而废，"既然做了这个选择，就要坚持到底，不能做一个逃兵。"

慢慢地，徐本禹找到了排解孤寂的方式，比如写信、写日记、去学生家家访。"和学生在一起就会很开心，去家访他们还会给我拿很多好吃的。"徐本禹笑道，"当你的心融入当地，孤独寂寞就会少一些。"

在狗吊岩，徐本禹一周要上六天课，一天上课时间达到了 8 小时。徐本禹负责五年级一个班，除了教语文、数学外还要教英语、体育、音乐等。由于信息闭塞，学生不了解外面的任何东西，一篇 200 多字的文章出现二十几个错别字是很正常的现象。

随着时间的流逝，这所岩洞中的小学因为徐本禹的坚持，有了前所未有的活力。"孩子们可以听懂普通话了，甚至可以用半生不熟的普通话与人交流。来上学的学生也多了起来，原来只有 140 人，现在超过了 250 人。最重要的变化是唤起了村民对知识的重视。"为民小学的创办者吴道江如是说。

支教事迹感动中国

2004 年 7 月，讲述徐本禹贵州山区支教的帖子《两所乡村小学和一个支教者》出现在网络上，顿时引起社会、媒体强烈关注。这一年，徐本禹作为大学生志愿者的典型，被评为"感动中国"年度人物。

颁奖词说，"如果眼泪是一种财富，徐本禹就是一个富有的人，在过去的一年里，他让我们泪流满面。从繁华的城市，他走进大山深处，用一个刚刚毕业大学生稚嫩的肩膀，扛住了倾颓的教室，扛住了贫穷和孤独，扛起了本来不属于他的责任。也许一个人力量还不能让孩子眼中铺满阳光，爱，被期待着。徐本禹点亮了火把，刺痛了我们的眼睛。"

2005年9月，徐本禹结束贵州支教，返回华中农业大学继续研究生的学业。工作后，徐本禹也一直致力于推动青年志愿者工作的发展，鼓励青年志愿者帮助更多的人。

徐本禹的事迹引发全国关注，很多人也把目光聚焦到了贫困学生和改善当地的教学条件上，在好心人的帮助下，当地学校的教学条件发生了翻天覆地的变化。徐本禹带动了一批批青年学子投身支教事业。

2005年，华中农业大学"本禹志愿服务队"成立。十多年来，"本禹志愿服务队"志愿者人数超过45000名，公益项目涵盖支教、扶贫、环保、关爱特殊群体……志愿服务遍及鄂、黔、滇、闽、冀五省。一届又一届成员接过徐本禹传递的爱心接力棒，将青春挥洒在大山里，为大山里的孩子们插上希望的翅膀。

(四)创造精神

创造精神就是中国人民在创造物质财富和精神财富的过程中，展现出来的辛勤劳作、精练工艺、敢为人先和勇于创新的精神。中华民族凭借创造精神，创造了灿烂辉煌的历史，包括伟大思想巨匠、伟大文艺作品、伟大科技成果、伟大工程等。

实践证明，伟大创造精神是一个国家、一个民族发展前进的不竭动力。习近平总书记指出："今天，中国人民的创造精神正在前所未有地迸发出来，推动我国日新月异向前发展，大踏步走在世界前列。"

案例延展

袁隆平：我的两个梦 [1]

时光如白驹过隙，一转眼，90年过去，我成了正儿八经的"90后"。我大半辈子都在与水稻打交道，至今从事杂交水稻研究工作已有55个年头。我最关心的，就是与水稻和粮食相关的事。

新中国成立之前，中华大地上到处灾荒战乱，人民生活颠沛流离，少年时我就被迫从一个城市辗转到另一个城市，虽然少不更事，但每当看到沿路

---

[1] 案例来源：节选自《人民日报》2019年10月23日20版。

举家逃难、面如菜色的同胞，看到荒芜的田野和满目疮痍的土地，我的内心总会泛起一阵阵痛楚。报考大学时，我就对父母说，我要学农。母亲听了，吓一跳，说，傻孩子，学农多苦啊，你以为好玩儿呢？但我是真正爱上了农业，死活要学，还摆出大道理：吃饭可是天下第一桩大事，没有饭吃，人类怎么生存？最后，父母尊重我的选择。

毕业后，我被分配到湖南安江农校任教。安江农校地处偏远，临行前，学校的领导告诉我，那里很偏僻，"一盏孤灯照终身"，你可要做好思想准备。当时我想，能传播农业科学知识，也是为国家做贡献！没想到，去了不久，就碰上困难时期。我当时想，这么大一个国家，如果粮食安全得不到保障，其他一切都无从谈起，我要为让中国人吃饱饭而奋斗！

一天，我看到一些农民从高山上兑了种子，担回来种，就问他们，为什么跑到那么高的山上去换种呢？他们说，山上的种子质量好一些，产得多些。他们接着还说了一句话，叫作"施肥不如勤换种"。这对我有很大启发：农业上增产的途径有很多，但其中良种是非常重要的因素。

从此以后，我开始自己的杂交水稻研究之路。一路走来，有汗水和辛酸，也有丰收和喜悦。科学探索无止境，在这条漫长而又艰辛的路上，我一直有两个梦，一个是禾下乘凉梦，一个是杂交水稻覆盖全球梦。

禾下乘凉梦，我是真做过，我梦见水稻长得有高粱那么高，穗子像扫把那么长，颗粒像花生那么大，而我则和助手坐在稻穗下面乘凉。其实我这个梦想的实质，就是水稻高产梦，让人们吃上更多的米饭，永远都不用再饿肚子。

做梦容易，但要把梦变成现实，则需要付出大量艰苦的劳动和努力。我清楚地记得，那是1961年7月的一天，我到安江农校的试验田选种。突然，我发现了一株"鹤立鸡群"的稻株。穗大，颗粒饱满。我随手挑了一穗，竟有230粒之多！当时以为，选到了优良品种，岂不是可以增产无数粮食？

第二年春天，我把种子播下，结果却令人大失所望，一眼望去，高的高，矮的矮，没有一株赶得上最初的那株水稻。我不甘心，开始反复琢磨其中的奥秘，研究那一片试验田的稻株比例，最终得出一个结论：水稻是有杂交优势的，那株鹤立鸡群的水稻，就是天然的杂交水稻。既然天然杂交稻具有这样强的优势，那么人工杂交稻，也一定有优势。当时，遗传学理论一直否定自花授粉作物有杂交优势。我对此理论提出质疑。随后，我又拜访专家，翻找资料，最终得出结论，既然自然界存在杂交稻，那么人工杂交水稻也一定可以利用。而要想利用这一优势，首先需要找到"天然的雄性不育水稻"。

于是，我又走上曲折的寻找之旅。

其中，最令人刻骨铭心的是，在海南岛找到天然雄性不育野生稻"野败"并加以利用的过程。那是 1970 年 11 月，我和助手李必湖、尹华奇驻守在海南岛崖县南红农场，在当地寻找野生稻。在那里，有一位农专毕业的冯克珊，是南红良种繁育场的技术员，经常跑来听我讲课。冯克珊联想到农场附近有一种名叫"假禾"的草，很可能就是我要找的野生稻。11 月 23 日，他找到李必湖，来到南红农场铁路涵洞附近的水塘边，到那片正在开花的野生稻中察看。他们发现了三个雄花异常的野生稻穗，野生稻穗的花药细瘦，色浅呈水渍状，不开裂散粉。这三个稻穗生长于同一禾苑，是从一粒种子长出、匍匐于水面的分蘖。他们立即把这苑野生稻连泥挖起，放在铁桶里拉回去，然后移栽到试验田里，等待鉴定。当时，我正在北京开会，收到助手们从海南发来的电报，连夜赶火车奔回海南岛。经过仔细检验，我们最终确认这是一株十分难得的天然雄性不育株野生稻，我给它命名为"野败"。

这真是大海捞针啊！

"野败"的发现对杂交水稻研究具有里程碑的意义，更是杂交水稻"三系"配套成功的突破口。1973 年，我们协作组历尽千辛万苦才通过测交找到恢复系，攻克"三系"配套难关，才有了新中国第一代杂交水稻。第一代以细胞质雄性不育系为遗传工具的杂交水稻，优点是不育系不育性稳定，但也有缺点，即配组的时候受到恢保关系制约，因此选择优良组合的概率比较低，难度大。自 20 世纪 80 年代中后期起，我们开始研究两系杂交水稻。1995 年，第二代以光温敏不育系为遗传工具的杂交水稻——两系法杂交稻研制成功，它的主要优点是配组自由选择，能选配到优良稻组合的几率比较高。但是，第二代杂交稻也不是完美的：不育系育性受气温和光照影响较大。我想，如果有一种杂交水稻，既兼具第一代和第二代的优点，又能克服二者的缺点，那该多好啊！2011 年，我们又启动第三代杂交水稻育种技术的研究与利用，这是以遗传工程雄性不育系为遗传工具的杂交水稻，已初步研究成功，该杂交水稻克服了前两代的缺点。现在，我们甚至开始了第四代、第五代杂交水稻的研制。

追求高产更高产，是我们永恒的目标。自 20 世纪 90 年代中后期起，我们开始超级杂交稻攻关，分别于 2000 年、2004 年、2011 年、2014 年实现大面积示范亩产 700 公斤、800 公斤、900 公斤、1000 公斤目标。近 5 年又突破每公顷 16 吨、17 吨的目标。2017 年，世界水稻平均每公顷产量仅 4.61 吨，而我国杂交水稻平均产量每公顷达 7.5 吨，在世界上遥遥领先。

不可否认，上个世纪我们的主要任务是解决人民群众的温饱问题，所以杂交水稻把产量摆在优先地位。现在生活水平提高了，人民不仅要吃饱，还要吃好。所以，我们也改变思路，提出既要高产，又要优质。但是必须说清楚，虽然要满足市场对优质大米的需求，但我们仍然坚持一条，即不能以牺牲产量来求优质。我始终觉得，粮食安全问题必须时刻警惕。历史也无数次告诫我们，把饭碗牢牢端在自己手中的最有效途径，就是提高水稻的产量。

科学探索永无止境，我的另一个梦，就是杂交水稻走向世界、覆盖全球梦。

世界上超过一半人口以稻米为主食，一个令人担忧的事实却是，全球现有 1.6 亿公顷稻田中，杂交水稻种植面积还不到 15％。发展杂交水稻不仅有广阔的舞台，更对保障世界粮食安全具有重要意义，倘若全球有一半稻田种上杂交稻，按每公顷比常规水稻增产 2 吨计算，则增产的粮食可以多养活 4 亿—5 亿人口。杂交水稻覆盖全球不仅能提升全球水稻产量，造福人类，还能提升我国的国际地位。

为了实现这个梦，我们一直在努力。从 20 世纪 80 年代至今，我们坚持开办杂交水稻技术国际培训班，为 80 多个发展中国家培训了 14000 多名杂交水稻技术人才，我还受邀担任联合国粮农组织首席顾问，帮助其他国家发展杂交水稻。目前，杂交水稻已在印度、越南、菲律宾、孟加拉国、巴基斯坦、印度尼西亚、美国、巴西等国实现大面积种植。今年 6 月，在长沙举行的中非经贸博览会上，来了不少非洲国家农业界的朋友，看到他们对杂交水稻充满感激和期待，更坚定了我们将杂交水稻推向世界的信心与决心。

新中国杂交水稻事业能够取得丰硕成果，离不开党和国家的高度重视与大力支持，同时也是广大科技工作者集体智慧的结晶。我已经 90 岁了，但"老骥伏枥，志在千里"，我要力争让我们的团队早日完成每公顷 18 吨的高产攻关，做好第三代杂交水稻技术的生产应用。我希望最终能实现"禾下乘凉、覆盖全球"的两大心愿。

▶ 第二节　如何培育职业精神
——以劳动精神为例

新时代劳动精神蕴含着深刻而丰富的思想内涵，它以马克思主义劳动观为逻辑起点，以中华优秀传统文化渊源为历史逻辑，以社会进步、时代发展为现实逻辑，科学阐释了这不可遮蔽的人类精神文化之美，使劳动成为理解人类、解释社会、把握未来的基本方式和总钥匙。中国最早的一部诗歌总集《诗经》等文学作品就生动反映了中国古代劳动人民对劳动实践的赞美、尊重和认同，让劳动精神从根基上就拥有了勤劳勇敢、吃苦耐劳、崇尚劳动的人格化品质。

新时代的大学生该如何培育劳动精神呢？在校期间，可以从尊重劳动、崇尚劳动、热爱劳动入手以培育劳动精神。

(一)尊重劳动

劳动教育是每一个人必不可少的教育。习近平总书记指出，劳动者素质对一个国家、一个民族发展至关重要。尊重劳动包括尊重劳动本身、尊重劳动者、尊重劳动者的劳动三层意思，其前提是劳动是有益于人民和社会的劳动。

尊重劳动，首先，是指"把劳动本身作为尊重的对象"，不论是体力劳动或脑力劳动、简单劳动或复杂劳动、物质劳动或精神劳动，在有利于社会与人民的前提下，大学生都应该予以尊重。其次，对待劳动者，不论社会地位、职业分类、受教育程度、技能高低等，大学生都应当予以尊重。最后，对待劳动者的劳动，比如科学家们研究的最新成果、农民辛苦播种的粮食、清洁工起早贪黑打扫的街道，大学生都应当予以尊重。

(二)崇尚劳动

俗话说心灵手巧，但对大学生而言，则是手巧心灵。体力劳动，是通过手脚的活动来实现的。大学生要深深懂得劳动创造美、劳动创造财富、劳动创造幸福生活；懂得劳动强健体魄、培养顽强意志和高尚品格的形成。同学们要牢固树立劳动最光荣、劳动最崇高、劳动最伟大、劳动最美丽的观念；体会劳动创造美好生活，体认劳动不分贵贱，热爱劳动，尊重普通劳动者，培养勤俭、奋斗、创新、奉献的劳动精神。

(三)热爱劳动

大学生应积极投身于劳动实践,在劳动过程中发现劳动的乐趣、得到充足的锻炼、保持劳动的热忱,在劳动中珍惜劳动的成果。

案例 延展

*中国共产党人的精神谱系│勤奋工作 踏实劳动——劳动精神述评*①

"社会主义是干出来的"——劳动,通向伟大梦想

陕北南泥湾,延安大生产运动纪念碑静静矗立。碑身上,"自己动手、丰衣足食"八个大字遒劲有力。抗日战争进入相持阶段后,由于日军的疯狂进攻和大规模"扫荡",国民党顽固派的军事包围和经济封锁,陕甘宁边区及各抗日根据地财政经济发生极大困难,一度陷入没粮、没油、没纸、没衣、没经费的境地。危难之际,党中央号召边区军民自力更生,克服困难。"力"在何处?在广大劳动者中!一场轰轰烈烈的大生产运动在黄土高原开展起来——1941年春,迎着料峭寒风,三五九旅的战士们肩挎钢枪、手握镢头,挺进南泥湾垦荒。广大军民以高昂的劳动热情,将荒无人烟的"烂泥湾"变成庄稼遍地、牛羊成群的"陕北好江南"。纺一根线、垦一亩荒,边区军民在逆境中自己动手、丰衣足食,顽强生存、英勇斗争。毛泽东指出"这是中国历史上从来未有的奇迹"。

劳动是推动人类社会进步的根本力量,是通向伟大梦想的进步阶梯。社会主义是干出来的。从烽火连天的革命年代,到如火如荼的建设岁月,再到波澜壮阔的改革大潮,长期以来,在党的领导下,我国工人阶级和广大劳动群众始终站在时代前列,用汗水和智慧奏响"咱们工人有力量"的主旋律——

老工人孟泰带领工友献交器材、刨开冰雪收集废旧零件,硬是没有花国家一分钱,建成鞍钢当时著名的"孟泰仓库";产业工人许振超带领班组练就"一钩准""一钩净""无声响操作"等绝活,多次刷新集装箱装卸世界纪录;航天科技"嫦娥"团队勇于探索,成功研制我国第一颗月球探测卫星——嫦娥一号……一座座丰碑上,镌刻着不同时代劳动者只争朝夕、奋力拼搏、开拓创

---

① 案例来源:《新华社》2021年9月22日电。

新的身影。

习近平总书记强调："正是因为劳动创造，我们拥有了历史的辉煌；也正是因为劳动创造，我们拥有了今天的成就。"

"一切幸福都源于劳动和创造"——劳动，书写精彩人生

这是一双特制的劳保鞋：鞋尖有钢板，底部有钢钉，鞋底约两厘米厚。不到两年，鞋底还是被磨平了。这双鞋，见证了柴闪闪"闪闪发光"的奋斗人生。2004年，柴闪闪成为扛包裹的转运员，每天要扛3000多袋包裹。他干一行、爱一行、精一行，靠着过硬的业务能力和吃苦精神，他成为全国邮政系统先进个人、上海市优秀青年突击队员、全国劳动模范，并当选全国人大代表。

外卖骑手宋增光、"拉面匠"韩木海买、"小砌匠"邹彬……一个个看似"开挂"人生的背后，无不洋溢勤于劳动、勇于奋斗的精神。

一切幸福都源于劳动和创造。回首奋斗路，是中国共产党带领工人阶级和广大劳动群众，以劳动托起中国梦。在全面建成小康社会的伟大征程上，劳动者以脚踏实地的努力、毫不懈怠的拼搏，一步一个脚印迈向幸福新生活——

重庆市巫山县竹贤乡下庄村老支书毛相林率乡亲们历时7年，在绝壁上凿出一条8千米长的"绝壁天路"，带领群众摘掉贫困帽，走上致富路；"人民楷模"、太行山上"新愚公"李保国扎根太行山35年，用辛勤的劳动和科研成果把富裕和希望带给农民……

"全面建成小康社会，进而建成富强民主文明和谐的社会主义现代化国家，根本上靠劳动、靠劳动者创造。"习近平总书记强调。

"劳动开创未来"——劳动，创新赋能奋斗

0.00068毫米的加工公差，意味着什么？这相当于头发丝直径的1/125，连数控机床都难以实现。这不可思议的加工公差出自方文墨之手。这位来自航空工业沈阳飞机工业（集团）有限公司的首席技能专家说："开始很多人说我不适合干这行，但我既然选择了，就一定要做到最好。"凭着追求"最好"的劲头，他不断挑战打磨精度的边界，让"文墨精度"名震业内。

一片钢板能够薄到什么程度？太钢集团不锈钢"手撕钢"创新研发团队不断给出新答案。2018年，在经历700多次失败、攻克175个设备难题、452个工艺难题后，这支团队自主研发的0.02毫米"手撕钢"成功面世，有效破解

了制约我国高精尖领域长远发展的材料难题；去年，团队再次突破极限，轧出了光如镜、质地硬、厚仅 0.015 毫米的"手撕钢"……团队技术员廖席说："创新是什么？是干别人干不了的，挑战不可能！"

　　劳动者的字典里没有"不可能"。无数像方文墨、太钢集团创新研发团队这样的劳动者及团队，以争创一流、勇攀高峰之志，赋予劳动精神丰富的时代内涵。

参考文献

［1］樊未晨，叶雨婷，张茜．灵活就业成为大学生就业新形态［N］.中国青年报，2022 - 01 - 17(05)．

［2］王丹．大学生小谢求职记［N］.人民日报，2023 - 02 - 14(14)．

［3］周世祥．毕业生求职面对薪资差距，怎么看、怎么办［N］.光明日报，2023 - 02 - 21(14)．

［4］陕西省人社厅.《陕西省高校毕业生就业创业政策服务指南》．

［5］王子锋．追忆黄文秀：以秀美人生谱写新时代的青春之歌［EB/OL］.(2022 - 06 - 17)［2023 - 04 - 01］. http：//dangjian. people. cn/n1/2022/0617/c117092 - 32449286. html．

［6］张欣．警惕"培训贷"骗局［EB/OL］.(2022 - 04 - 18)［2023 - 03 - 01］. http：//www. jyb. cn/rmtzcg/xwy/wzxw/202204/t20220418 _ 689450. html．

［7］陈韵蓉．志愿者陈韵蓉：扎根乡土的"追梦者"［EB/OL］.(2023 - 02 - 28)［2023 - 03 - 23］. https：//t. m. youth. cn/transfer/index/url/xibu. youth. cn/gzdt/gddt/202302/t20230228 _ 14350418. htm．

［8］郝晓炜．好男儿，当兵去［EB/OL］.(2023 - 03 - 24)［2023 - 04 - 21］. http：//www. tynews. com. cn/wmty/system/2023/03/24/030583285. shtml．

［9］马克思恩格斯全集(第四十卷)［M］. 北京：人民出版社，1982．

［10］毛泽东选集(第二卷)［M］. 北京：人民出版社，1991．

［11］勤奋工作 踏实劳动——劳动精神述评［EB/OL］.(2021 - 09 - 22)［2023 - 03 - 13］. https：//www. 12371. cn/2021/09/22/ARTI163229406111871714. shtml．

［12］发扬载人航天精神 奋力创造新的辉煌［EB/OL］.（2021 - 09 - 19）［2023 - 03 - 10］. https：//www. 12371. cn/2021/09/19/ARTI1632014378649 907. shtml.

［13］有一种青春叫奉献——徐本禹的支教人生［EB/OL］.（2019 - 04 - 19）［2023 - 03 - 01］. https：//www. 12371. cn/2019/04/19/ARTI15556312 91528877. shtml.

［14］袁隆平：我的两个梦［N］. 人民日报，2019 - 10 - 23(20).